JN411436

중국법상 기업의 사회적 책임에 관한 연구

김
문
철 金文哲 JIN WENZHE

1985년 중국 흑룡강성(黑龍江省) 탕원현(湯原縣)의 한 마을에서 태어났다.
2006년 재수를 통해 북경대학에 입학하고 2010년 졸업 후 1년 뒤인 2011년에 서울대학 법과대학원에 입학하여 상법을 전공하였다.
2013년 서울대학에서 석사과정을 수료하고 2015년에 석사학위를 수여받았다.
2013년부터 현재까지 중국 중륜율사사무소(中倫律師事務所) 북경사무소에서 변호사로 활동하고 있다.

아시아태평양법
연구시리즈 1

중국법상 기업의 사회적 책임에 관한 연구

김문철

민속원

머리말

첫 책의 머리글을 쓰려니 만감이 교차한다. 자신의 민낯을 드러내는 듯한 두려움도 있지만 한편으로는 기대감으로 설레기도 한다. 이 책은 필자의 석사졸업논문이다. 이 책의 출판을 위해 석사졸업논문의 표지를 보는 순간 석사졸업논문을 쓰면서 힘들게 지냈던 추억들이 주마등처럼 머릿속을 스쳐지나간다.

석사과정 수료를 앞두고 졸업논문 주제 선정으로 머리를 쥐어짜고 있을 때 지도교수님께서 기업의 사회적 책임을 졸업논문 주제로 해보는 건 어떠냐고 제안을 해 주셨다. 한국과 달리 중국은 회사법에 기업의 사회적 책임에 대한 규정을 두고 있어 나름 신선하기도 하기도 하고 비교법적으로 충분히 검토해 볼 가치가 있다고 생각하여 선뜻 동의하였다.

하지만 쉬울 것만 같았던 논문주제가 정작 쓰려고 필을 드는 순간 어렵게만 다가왔다. 뭘 어떻게 써야 할 지 갈피를 잡기 어려웠으며 자칫 잘못하면 뜬 구름 잡는 소리만 할 것 같았다. 그렇게 서울대학 캠퍼스에서의 마지막 한 학기를 흘러 보내고 말았다.

수료 후 곧바로 취직을 선택했다. 그때만 해도 출근과 졸업논문을 병행하는 것이 그리 어렵지는 않을 것 같다는 생각이었고 마침 좋은 기회가 찾아와서 어려움 없이 취직을 하게 되었다.

그러나 두 마리 토끼를 다 잡기에는 힘들다는 말을 뼛속까지 실감할 정도로 재직하면서 석사졸업논문을 완성하기에는 힘이 벅찼다. 매일 반복되는 잔업 때문에 늦은 밤과 주말에야 겨우 집중하여 논문을 작성할 수 있다. 모 조선소의 기업회생 및 파산건으로 외지에서 장기 파견 근무하고 있을 당시에는 저녁에 몇 번이나 정전하여 초불 밑에서 글을 쓴 적도 있었다.

석사졸업논문을 작성하는 과정에서 지도교수님과 논문심사교수님들께서 많은 도움을 주셨다. 매달마다 한 번씩 작성한 논문 내용을 메일로 보내드리면 교수님들께서 꼼꼼히 피드백을 주셨고 거기에 맞춰 하나하나 수정 보완해 나갔다. 그렇게 석사졸업논문을 완성하게 되었다.

'고진감래'라는 말도 있듯이 과정은 힘들었지만 필자의 석사졸업논문이 누군가의 학습과 연구에 조금이나마 도움이 된다면 그보다 더 큰 보람이 없을 것 같다. 이 책에 미흡한 부분이 많을 것이라 생각하며 그러한 부분은 전적으로 필자의 몫으로서 독자들의 지적을 받을 준비가 되어있다.

마지막으로 필자의 석사졸업논문을 책으로 탄생시켜준 서울대학교 아시아 태평양법 연구소와 민속원 출판사에 깊은 감사를 드린다. 석사졸업논문 완성에 큰 도움을 주신 은사 노혁준 지도교수님, 김건식 교수님, 천경훈 교수님, 그리고 대학원에서 훌륭한 가르침을 주신 박준 교수님, 정순섭 교수님, 한인섭 교수님께도 무한한 감사의 인사를 드리고 싶다. 아울러 이 기회를 빌어 언제나 나의 든든한 지원군인 부모님과 형제들, 특히 곁에서 큰 힘과 행복을 주고 있는 사랑하는 아내에게도 고마움을 전한다. 나중에 사랑하는 아들이 이 책을 보게 된다면 사회에 도움이 되는 사람으로 자라나길 부탁하고 싶다.

단풍이 물든 10월의 중국 북경에서

차례

01
서론

제1절
연구의 목적

근래 기업의 사회적 책임Corporate Social Responsibility(CSR)은 중국의 학계와 실무 차원에서 뜨거운 이슈가 되고 있다. 이는 개혁개방정책을 실시하여 중국은 경제면에서 커다란 발전을 가져왔으나 한편으로 전례 없는 사회문제에 직면하고 있는 현실에서 기인된 것이다. 예를 들어 근래에 발생한 스모그 오염, 멜라민 분유사건, 팍스콘 연쇄자살사건 등은 환경오염, 제품안전, 근로자 권익 등 여러 가지 면에서 심각한 사회문제를 반영하고 있다.

이처럼 여러 가지 사회문제가 급부상하면서 '박래품舶來品'인 기업의 사회적 책임이라는 개념이 중국 사회의 각광을 받기 시작한 것이다. 중국과 마찬가지로 한국에서도 기업의 사회적 책임은 독자적으로 발생한 이론은 아니고 서구에서부터 도입된 이론으로서,

이에 대한 연구가 진행된 것은 기업의 부정적 경영행위에 대한 비판과 더불어 삶의 질의 향상에 대한 국민적 욕구가 증대되기 시작한 것과 관련된 것으로 보인다.

그동안 중국과 한국에서는 여러 학과에 걸쳐 기업의 사회적 책임에 대한 연구가 진행되어 왔다. 중국과 한국의 법학계 연구 실태를 살펴보면 서구에서의 이론과 경험을 토대로 하여 기업의 사회적 책임에 대한 개념을 구체화하고 이론적 근거를 제시하고자 하는 면에서는 공통점을 보이고 있다. 그러나 한국은 아직 기업의 사회적 책임을 입법에 반영할 것인가에 대한 논의 단계에 머물러 있는 반면, 중국은 그 단계를 벗어나 기업의 사회적 책임 제고를 위한 실질적 대안을 모색하는 데 초점을 두고 있는 것으로 보인다. 특히 중국은 회사법을 비롯하여 경제법, 노동법, 환경법에서 기업의 사회적 책임 관련 규정을 두고 있기 때문에, 법제화라는 측면에서는 한국을 앞서가고 있다.[1]

중국 현행 회사법[2] 제5조에서는 "회사는 경영활동을 함에 있어 반드시 법률과 행정법규를 준수하여야 하고, 사회 공공도덕과 상업도덕 및 신의성실의 원칙을 지켜야 하며, 정부와 사회공중公衆의 감독을 받고 사회적 책임을 져야 한다"고 규정함으로써 법률의 형식으로 기업의 사회적 책임을 명시하는 독특한 입법을 취하고 있다. 이는 세계 회사법 역사에 한 획을 그었을 뿐만 아니라 중국에서 기업의 사회적 책임을 추진하는 데 중요한 역할을 하였다는

---

1. 이 책에서 법령 명칭에 대해 특별한 설명이 없는 경우, 중화인민공화국 법령을 말한다.
2. 2005년 개정 회사법에 대한 개정안(이하 '현행 회사법'이라고 한다)은 2013년 12월 28일 제12차 전국인민대표대회 상무위원회 제6차 회의에서 통과되었으며 2014년 3월 1일부터 시행되었다.

평가를 받고 있다.[3]

한편으로, 중국 정부는 중국 특색의 사회주의 기치 하에 '사람을 근본으로 삼는다以人為本', '조화로운 사회和諧社會', '과학발전관科學發展觀' 등 정책을 펼치고 있다. 기업의 사회적 책임은 이러한 정부의 기조와 일맥상통하는 면이 있어 정부의 전략적인 수단으로 활용되는 측면이 있다. 또한 중국 정부는 기업의 사회적 책임을 사회문제를 해결할 수 있는 하나의 해결책으로 보고 있다. 그리하여 일련의 법적 · 제도적 개혁을 통해 기업의 사회적 책임을 활성화시키는 데 힘쓰고 있다. 이와 같이 정부 주도로 확산되는 기업의 사회적 책임 또한 중국의 특색이라고 할 수 있다.

이 책의 의의는 이러한 특수성을 가진 중국에 있어서 기업의 사회적 책임을 집중적으로 연구하는 데 있다고 본다. 연구 내용으로는 기업의 사회적 책임에 대한 기존의 법적 연구와 논의를 토대로 하여 주로 중국에서의 기업의 사회적 책임 현황에 대해 살펴보고자 한다. 즉 기업의 사회적 책임과 관련하여, 중국 정부 차원에서 어떠한 태도를 보이고 있으며 그에 기해 어떠한 정책과 조치들을 펼치고 있는지, 기업 차원에서 어떻게 사회적 책임을 이행하고 있으며 존재하는 문제가 무엇인지, 이러한 문제점들을 해결할 수 있는 법적 개선책은 무엇인지 등에 대한 물음에 대하여 해결책을 찾고자 한다.

이와 같은 이 책의 연구 내용은 기업의 사회적 책임이 각종 사회문제를 해결할 수 있는 중요한 대안으로 부상하는 현시점에서 한국의 실무 차원에도 시사하는 바가 클 것으로 생각된다.

---

3. 崔麗, 「當代中國企業社會責任－以關係契約理論為視角－」, 吉林大學博士學位論文, 2013, 1쪽.

제2절
연구의 방법

기업의 사회적 책임에 관한 논의는 끊임없이 이어져 왔으나 과연 기업의 사회적 책임이란 무엇인지에 대하여 일반적으로 합의된 결론은 아직 없다. 기업의 사회적 책임에 대해 정의가 다양하게 존재하는 이유는 사회적 책임이라는 말이 그 현상을 분석하는 사람이나 해석자에 따라 의미를 다르게 논의되어 왔기 때문이다.[4] 또한 여러 나라의 역사적 배경, 제도적 토대, 문화적 배경이 다양함에 따라 사회적으로 요구되는 기업의 책임도 상이하기 때문인 것[5]으로 생각된다.

이 책에서 기업의 사회적 책임을 논의함에 있어서 우선 그에 대한 구체적인 개념이 분석되어야 할 것이다. 따라서 제2장에서는 기업의 사회적 책임의 일반론에 관하여 국외에서의 일반적 논의와 중국에서의 전개과정을 나누어서 살펴보고자 한다. 국외에서의 일반적 논의 부분에서는 우선 기업의 사회적 책임론이 출현한 배경에 대해 짚어 보고 기업의 사회적 책임론에 대한 찬반 논쟁을 검토해보도록 하겠다. 또한 기업의 사회적 책임에 관한 정의에 대해 살펴보면서 기업의 사회적 책임이 무엇을 의미하는지에 대한 내용을 다루게 될 것이다. 중국에서 기업의 사회적 책임론이 전개되는 과정에 대해서는 기업의 사회적 책임의 역사를 되돌아

4· 구본장 · 강준의, 「기업의 사회적 책임을 위한 바람직한 방향」, 『사회과학논문집』 제16권 제2호, 1997.9, 282쪽.

5· 김동근, 「회사의 본질과 기업의 사회적 책임」, 『기업법연구』 제27권 제4호(통권 제55호), 2013.12, 244쪽.

살펴보고 기업의 사회적 책임의 개념과 법적 성격을 세분화하여 살펴보겠다. 이에 따라 중국 정부의 관련 정책 및 법제를 설명하고 중국 기업의 사회적 책임이행 현황과 그에 대한 분석을 진행하도록 한다.

제3장에서는 중국 회사법의 테두리 안에서 기업의 사회적 책임에 관한 이슈를 짚어보고자 한다. 우선 중국 회사법 제5조에 대한 논의에서는 주로 문의적 해석을 통하여 중국 회사법에서 규정하고 있는 기업의 사회적 책임의 내용에 대해 살펴보고, 기존의 연구와 실무에 기초하여 이 규정이 사법적 효력을 지닌 것인지에 대하여 검토해본다. 다음으로 이사의 책임과 기업의 사회적 책임과의 관계에서는 이사의 신인의무의 대상과 내용을 중심으로 하여 공익적 의사결정이 신인의무 위반에 해당하는지 여부, 사회적 책임에 따라 이사의 의무와 책임이 어떻게 변화되고 있는지 등에 대해 분석해보고자 한다. 마지막으로는 기업의 지배구조로부터 출발하여 기업의 사회적 책임을 논의하고자 한다. 우선 중국 회사의 지배구조와 함께 기업의 사회적 책임에 따른 지배구조에 대한 인식의 변화를 다루면서 중국 기업지배구조의 문제점과 그에 대한 기존의 개선논의 한계를 짚어보고 기업의 사회적 책임을 활성화하기 위한 실효적인 법적 방안을 모색하고자 한다.

제4장에서는 기업의 사회적 책임과 관련하여, 기업과 밀접한 이해관계를 갖는 이해관계자에 관한 구체적인 문제들을 다루고자 한다. 이해관계자는 매우 포괄적인 개념으로서 회사 주주, 채권자, 근로자, 소비자, 지역사회 나아가 사회 전체를 모두 포함할 수 있다. 이 장에서는 기업의 사회적 책임에 대한 중국에서의 법적 연구에서 가장 많이 논의되고 중요하게 취급되어 온 주제들을 살펴보

고자 한다. 즉, 구체적으로 소비자, 근로자, 환경에 대한 기업의 사회적 책임을 다루게 될 것이다. 논의의 구조는 대체적으로 이해관계자의 피해 사례로부터 기업의 사회적 책임의 필요성에 대해 논의한 후, 더 나아가 이해관계자에 대하여 기업이 부담해야 하는 구체적인 사회적 책임 내용을 살펴봄과 동시에 관련 법제 현황을 소개하고자 한다. 또한 마지막으로 소비자 권익, 근로자 권익, 환경보호 면에서 사회적 책임의 문제점과 원인을 짚어보고 그에 대한 해결책을 제시하고자 한다.

중국법상 기업은 회사의 상위 개념이지만,[6] 기업의 사회적 책임에 대한 연구는 그 연구대상을 회사에 중점을 두고 있으므로, 이 책에서 기업은 회사를 의미한다.[7] 끝으로 이 책은 미흡한 점이 많을 것으로 사료되지만, 기업의 사회적 책임, 특히 중국에서의 기업의 사회적 책임 현주소에 대하여 연구를 하고자는 분들에게 조금이나마 도움이 되었으면 하는 바람이 있다.

6· 중국법상 기업은 회사제(公司制) 기업과 비회사제 기업으로 나누며, 비회사제 기업에는 전민소유제기업(全民所有制企業), 성진집체소유제기업(城鎮集體所有制企業), 향촌집체소유제기업(鄕村集體所有制企業), 사영기업(私營企業) 등이 있다.

7· 중국에서의 기업의 사회적 책임에 대한 연구를 살펴보면 '기업의 사회적 책임(企業社會責任)' 대신에 '회사의 사회적 책임(公司社會責任)'이라는 용어를 사용하기도 하며 양자를 동일시하는 경향이 있다.

02

기업의 사회적 책임의 의미

제1절 기업의 사회적 책임의 연원과 개념

I. 기업의 사회적 책임론의 출현

기업의 사회적 책임론이 발생한 시기는 그리 길지 않으며 학술과 실무의 분야에서 논의해온 역사는 불과 몇 십 년에 지나지 않는다.[1] 기업의 사회적 책임론은 미국 학자 쉘던Oliver Sheldon이 처음으로 제기한 것이다.[2] 그는 『관리의 철학The Philosophy of Management』에서 기업의 사회적 책임을 산업 내외의 다른 자들의 요구를 만족시켜야 하는 기업 경영자의 의무와 연결 지으면서, 기업의 사회적 책임

1· 王玲, 『經濟法語境下的企業社會責任研究』, 中國檢察出版社, 2008, 11쪽.

2· 劉俊海, 『公司的社會責任』, 法律出版社, 1999, 2쪽; 時建中 · 楊巍, 「評公司法修訂中的公司社會責任條款」, 『企業社會責任專論』, 北京大學出版社, 2009, 244쪽.

에는 도덕적 요소가 포함되어 있고, 기업이 지역사회에 서비스를 제공하는 것은 지역사회에 이로운 것이며, 지역사회의 이익은 하나의 형량기준으로서 기업의 이윤 창출보다 중요하다고 강조하였다.[3]

기업의 사회적 책임론의 기원에 대하여 학자들은 견해의 차이가 있으나,[4] 공통된 인식에 대하여 다음과 같이 종합해 볼 수 있다.[5]

첫째, 기업의 사회적 책임론은 대략 20세기 초기 미국에서 나타났는데, 이는 그 당시 미국의 사회 · 경제적 조건과 관련지어 해석된다. 자유방임주의 사조의 영향을 받아 국가는 오로지 '야간 경비'의 역할을 담당하였을 뿐이었고, 회사의 자유는 절대적이면서 맹목적으로 자본의 이윤을 추구함으로써 일련의 사회문제를 유발시켰다.[6] 즉, 기업은 거대한 부를 축적하는 과정에서 환경 파괴, 소비자 권익 침해 등 사회문제를 야기하였고 이로 인해 기업과 사회 간의 모순이 격화되기 시작하였다. 이는 기업과 사회의 관계에 대한 사고를 불러일으켰고 이에 따라 기업의 사회적 책임론이 대두하게 되었다.

둘째, 기업의 사회적 책임 사상은 실무적 차원에서 최초로 제기되었으며,[7] 기업의 사회적 책임에 대한 학문적 연구는 실무적 논

3· See J. Maurice Clark, "The Changing Basis of Economic Responsibility", *Journal of Political Economy*, Vol. 24(3), 1916, pp.215~217, p.229; 王玲, 앞의 책, 11~12쪽 재인용.

4· 기업의 사회적 책임론의 시초에 대하여, 1899년 미국 강철그룹 창시자 카네기(Carnegie)가 그의 저서 『부의 복음(The Gospel of Wealth)』에서 처음으로 '기업의 사회적 책임'이라는 관점을 제기했다는 견해가 있다. 또한 1916년 미국 학자 클라크(Clark)가 논문 『변혁 중의 경제책임의 기초(The Changing Basis of Economic Responsibility)』에서 최초로 체계적으로 '기업의 사회적 책임'이라는 개념을 제시했다고 논의되고 있다.

5· 王匯傑, 「法學視角下企業社會責任的實現」, 蘭州大學碩士學位論文, 2010, 6~7쪽.

6· 時建中 · 楊巍, 앞의 논문, 244쪽.

의보다 늦게 시작되었다. 이는 기업의 사회적 책임론의 출현은 기업 발전의 내재적 수요에 기인한 것이고 사회 · 경제 발전에 현실적으로 요구되는 것이며 필연적 귀결이라고 할 수 있다.

셋째, 기업의 사회적 책임은 사회 각계가 전통적인 기업경영이론에 대한 회의와 수정 과정을 통해 발전되어 왔다. 처음 기업의 사회적 책임 사상이 제기되었을 때 이론적으로 어려운 상황에 직면하였다. 이러한 저력은 주로 에담 스미스가 주장하는 고전적 자유주의경제학의 경직된 이론과 '절대적 소유권, 사적 권리 자치'를 주장하는 전통 민법이론의 교조적 숭배에서 유래하는 것이었다.

Ⅱ. 기업의 사회적 책임에 대한 논쟁

기업의 사회적 책임에 대한 법학 개념의 출현은 오랫동안의 논쟁에 의해 발전되어 왔다. 기업의 사회적 책임론이 제기된 이후 많은 논쟁이 제기되었고, 이를 둘러싼 광범위하고 지속적인 논의를 거치면서 사회적 책임의 중요성이 부각되었으며, 기업의 사회적 책임론을 정착시키는 데 중요한 역할을 하였다.

7· 그 예로, GM사의 이사였던 영(Owen Yong)은 1927년 7월 미국 하버드경영대학원의 연설에서 사회적 책임의 사상을 강조하여 기업가의 자주적 규제, 사회적 책임과 윤리경영의 필요성을 역설하면서, 주주뿐만 아니라 근로자, 고객 및 일반대중도 회사에 대하여 일종의 이익이 있으며, 회사의 경영자는 이러한 이익을 보호할 의무가 있다고 주장하였다. 또한 그는 사회적 책임 윤리의 신봉자로서 근로자에 대하여 생활임금 외에 문화임금을 지급하고 실업보험 · 유급휴가 · 근로자 대표참가제 · 근로자 지주제 · 이윤분배제 등을 채택하는 데 앞장섰다. 그리고 가난하고 어려운 이웃들이 더불어 살 수 있는 사회공헌기금을 만들도록 권고하였다. 송호신, 「기업의 사회적 책임(CSR)에 대한 배경과 회사법적 구현」, 『한양법학』 제29집, 2010.2, 144쪽; 劉俊海, 「強化公司的社會責任－建立我國現代企業制度的一項重要內容」, 『商事法論集』 第2卷, 法律出版社, 1997, 82쪽.

1929년 미국은 사상 초유의 글로벌 경제위기로 인하여 경제 대공황에 처하게 되었다. 경제의 쇠퇴와 각종 사회 모순의 격화 및 확대는 미국의 일반대중들로 하여금 기업의 사회적 책임을 포함하는 기업경영문제에 대하여 깊은 관심을 갖도록 하였다. 이러한 배경 하에서 벌리Berle 교수와 도드Dodd 교수는 '회사의 경영자는 누구에 대하여 수탁자의 지위에 있는가?For Whom are Corporate Managers Trustees'에 관한 법적 논쟁을 펼쳤다.[8]

벌리 교수는 1931년에 『신탁상의 권한으로서의 회사권한Corporate Powers as Powers in Trust』이라는 논문에서 경영자는 법률과 정관에서 부여된 권한을 오로지 주주의 이익을 위해서만 행사하여 한다고 기술하고,[9] 또한 회사는 주주의 이윤추구를 위하여 존재하므로 만약 주주에 대한 경영자의 수탁자 의무가 약화된다면 회사의 지배자인 경영자는 제어할 수 없는 절대자가 되어 버린다고 주장하면서,[10] 주주제일주의shareholder primacy를 옹호하였다.[11] 이에 반박하여, 도드 교수는 경영자는 주주 이외의 자에 대하여 공적 의무pulic duty 내지 사회적 책임social responsibility을 부담한다고 반론을 제기하였다.[12] 그 이유로 도드 교수는 현대 기업은 기본적으로 법에 의해 허가되고 장려되는데, 이는 기업이 소유주의 수익원이기 때문이 아니라 공동체에 있어서 유용한 조직이기 때문이라고 주장하였다.[13]

8· 최성근, 「기업의 사회적 책임과 회사법」, 『(최신)외국법제정보』 통권 제26호, 한국법제연구원, 2004.6, 44쪽.

9· 송호신, 앞의 논문, 147쪽 재인용.

10· 송호신, 앞의 논문, 147쪽 재인용.

11· 최준선, 「기업의 사회적 책임론」, 『성균관법학』 제17권 제2호, 2005.12, 476쪽.

12· 송호신, 앞의 논문, 147쪽 재인용.

13· 김성진, 「기업의 사회적 책임이 기업과 이해관계자의 관계에 미치는 영향」, 고려대학교 석사학위논문, 2010, 9쪽 재인용.

벌리 교수와 도드 교수의 견해를 살펴보면 표면상 기업 경영자의 수탁책임을 논하고 있지만 실질적으로는 회사의 성질, 목표 또는 기업이 사회적 책임을 부담하는지 여부에 초점을 두고 있다.[14] 벌리 교수는 회사의 경영자는 주주의 이익을 위하여 그 권한을 행사하여야 한다고 주장한 반면, 도드 교수는 기업이 사회 구성원으로서의 사회적 책임을 강조하였다.

벌리 교수와 도드 교수의 논쟁은 기업의 사회적 책임에 대한 최초의 학문적 논쟁이라는 점에서 커다란 의의가 있다. 논쟁이 끝난 후에도 기업의 사회적 책임을 둘러싼 논의는 끊임없이 진행되어 왔고, 지금도 여전히 기업의 사회적 책임에 대한 찬반론이 대립되고 있다.

기업의 사회적 책임의 반대론자인 프리드만Friedman 교수를 비롯해 많은 학자들은 기업은 기업 경영의 목적인 이익 추구와 이윤극대화에만 전념해야 한다고 보았다. 그들이 사회적 책임을 부담할 필요가 없다고 주장하는 이유는 다음과 같다. ① 기업의 사회적 책임은 회사의 본질에 반한다는 것이다. 회사가 순수한 이익단체라는 것은 회사의 전통적이고 고유한 본질인데, 회사의 사회적 책임을 수용하였을 경우 자칫하면 회사법 구조를 점차 공익적 성격으로 변색시켜 갈 수 있으며, 결과적으로 국가가 회사의 영리성을 제어하는 구실이 될 수 있다고 한다. ② 기업의 사회적 책임의 의무내용이 모호하다는 것이다. 기업의 사회적 책임은 그 의무의 내용이 무엇인지 구체적으로 제시하지 못하고 있고, 어떠한 작위의무라도 명확히 부여하는 바가 없기 때문에 행위규범으로서의 기능을

---

14 王玲, 앞의 책, 15쪽.

할 수 없다고 한다. ③ 기업의 사회적 책임의 의무대상이 없다는 것이다. 기업의 사회적 책임을 누구에 대하여 부담하는지, 누가 권리자로서 그 이행을 청구할 수 있는지가 불명확하다고 한다.[15] 또한 ④ 기업의 사회적 책임의 실천은 회사 비용을 증가시킨다는 것이다. 기업이 사회적 책임을 지면 '사회적 비용의 내부화'로 인하여 회사 비용이 증가하고 이윤이 감소하며 나아가 기업의 존속을 위태롭게 하는 등 여러 가지 폐해를 입게 된다고 한다.[16]

이와 반대로 기업의 사회적 책임을 긍정적으로 보는 견해는 기업이 사회적 책임을 부담하는 것은 자본주의 시장경제질서의 기본이 되므로 당연하며 그렇게 하는 것이 윤리적이라고 주장한다.[17] 이들이 기업의 사회적 책임을 긍정하는 근거로는 ① 현대사회에서 대기업의 권력은 방대하며, 그 권력은 사회공익을 위하여 활용해야 하는데, 경제발전에 대응하는 조건, 조세, 고용, 사회적 비용 등은 사회에 기여한다고 본다. ② 현대의 대기업의 권력은 거대하므로 그 거대한 권력에 상응하는 책임을 가져야 한다는 책임의 원리에 따라야 한다고 본다. ③ 현대기업은 사회개혁과 정화능력이 있으므로 적극적으로 사회적 책임을 수행하는 능력도 있고, 소극적으로 기업 권력을 남용하지 않는 자제능력도 보유하고 있다고 본다. ④ 대기업은 그들이 보유하고 있는 경영능력을 사회공익에 맞게 행사하기 않으면, 장기적으로 그 권력을 잃어버리게 될 것이다. 또한 그 권력을 남용하게 되면 정부가 개입하게 되고 자본주의 시장경제질서의 기본인 사기업의 자율성을 제한받게 될 것이라고 한다.[18]

15· 이철송, 『회사법강의(제21판)』, 박영사, 2013, 67~68쪽.

16· 송호신, 앞의 논문, 148쪽.

17· 송호신, 앞의 논문, 149쪽.

Ⅲ. 기업의 사회적 책임에 대한 일반적 정의

기업은 과연 사회적 책임을 부담해야 하는가? 이에 대한 논의에 앞서 기업의 사회적 책임이란 무엇인가에 대한 정확한 이해가 바탕으로 되어야 할 것이다. 그러므로 다음과 같이 국외에서의 기업의 사회적 채임에 대한 정의를 살펴보고자 한다.

1953년 보웬Bowen은 그의 저서 『기업가의 사회적 책임Social Responsibilities of the Businessmen』에서 처음으로 기업의 사회적 책임을 학문적으로 개념화하였는데, 기업은 사회의 목적과 가치적 관점에서 바람직하다고 여겨지는 행동과 정책을 추구해야 하며, 그러한 의사결정을 내리고 행동해야 하는 의무를 지닌다고 언급하면서,[19] 기업에 사회적 책임을 부과해야 한다고 주장하였다.

그 후 기업의 사회적 책임을 정의하기 위한 많은 연구들이 진행되어 왔는데, 그 중에서 캐롤Carroll의 정의가 가장 대표적이라 할 수 있다. 캐롤은 기업의 사회적 책임을 기업의 역할과 책임이 시대변화와 더불어 다양해지고 있다는 점을 지적하고, 사회가 요구하는 기업의 책임을 '경제적 책임', '법적 책임', '윤리적 책임', '자선적 책임' 등 네 가지로 구분하여 설명하였다. '경제적 책임'은 기업이 사회에서 가장 기본적인 경제조직으로서 다른 무엇보다 우선 이윤을 창출해야 하는 것을 의미한다. '법적 책임'은 기업이 사회가 규정한 법의 체계와 규율 속에서 경영활동을 진행해야 한다는 책임이다. '윤리적 책임'은 법적 강제성은 없으나 기업이 도덕적으

18· 송호신, 앞의 논문, 149쪽.

19· 이찬우, 「중국내 기업의 사회적 책임 형성과 발전－CSR 보고서와 평가시스템 분석을 중심으로－」, 『한중사회과학연구』 제11권 제4호(통권29호), 2013.10, 152쪽.

로 올바른 일들을 실행하도록 기대되는 것이며, '자선적 책임'은 기업이 더 나은 사회를 만들기 위해 문화 활동, 기부, 자원봉사 등을 수행함으로써 사회적 기대를 만족시키는 것을 말한다.[20]

기업의 사회적 책임에 대하여 많은 국제기구들에서도 다양하게 정의를 내리고 있다. 〈표 1〉에서 국제기구별 기업의 사회적 책임에 대한 용어 및 정의를 정리하였다.[21]

〈표 1〉 국제기구별 기업의 사회적 책임(CSR) 용어 및 정의

구분	정의	용어
UNCTAD (국제연합무역개발협의회)	기업이 사회의 요구사항과 목표에 어떻게 대응하고 영향을 미치는가에 관한 것	CSR
EU 집행위원회	기업이 자발적으로 사회적·환경적 문제를 기업 경영 및 이해관계자와의 상호작용에 통합하는 것	
ILO (국제노동기구)	기업이 법적 의무를 넘어 자발적으로 전개하는 이니셔티브이며, 기업 활동이 모든 이해관계자에게 미치는 영향을 검토할 수 있는 방식	
IOE (국제사용자기구)	법 준수를 뛰어넘는 다양한 사회·경제·환경 분야에서의 기업의 자발적이고 긍정적인 활동	
WBCSD (지속가능발전 세계기업협의회)	직원과 그들의 가족 및 지역사회와 함께 협력하여 지속가능한 발전에 기여하고 이들의 삶의 질을 향상시키는 기업의 책무	
OECD (경제협력개발기구)	기업과 사회와의 공생관계를 성숙시키고 발전시키기 위해 기업이 취하는 행동	CR[22]
ICC (국제상업회의소)	기업이 책임 있는 방식으로 기업 활동을 하고자 하는 자발적인 의지	
ISO (국제표준화기구)	조직이 경제·사회·환경문제를 사람 및 지역공동체, 사회에 혜택을 줄 수 있는 목적으로 다루기 위한 균형 잡힌 접근 방식	SR[23]

---

20 Archie B. Carroll, "A Three-Dimensional Conceptual Model of Corporate Perfor-mance", *The Academy of Management Review* 4(4), 1979, pp.499~500.

21 고동수, 「기업의 사회적 책임(CSR) : 국제논의 동향 및 우리의 대응방안」, 『산업연구원 연구보고서』, 2006, 4쪽.

22 사회적(social)이라는 단어를 사용하면 기업의 책임이 사회문제에 국한될 수 있다는 견해로 인하여 CR(Corporate Responsibility)라는 용어를 사용하고 있다. 고동수, 위의 보고서, 3쪽.

23 사회적 책임 범위에 기업뿐만 아니라 일반 조직이나 정부를 포함하도록 하여 '기업(Corporate)'이라는 단어를 빼고 SR(Social Responsibility)이라는 용어를 사용하고 있다. 고동수, 앞의 보고서, 3쪽.

위에서의 기업의 사회적 책임에 대한 정의를 살펴보면 기업의 사회적 책임을 부정하는 견해에서 지적하듯이 그 개념이 모호하고 내용이 불확실적이라는 점을 발견할 수 있다. 이에 기업의 사회적 책임으로 볼 수 있는 기업의 행위를 항목별로 열거하는 방식으로 기업의 사회적 책임의 범위를 구체화하려는 노력도 있다. 대표적인 예로 미국의 경제개발위원회The Committee for Economic Development는 『상사회사의 사회적 책임Social Responsibility of Business Corporations』에서 기업이 실천해야 할 58가지 행위에 대해 규정하고 있다. 그 내용을 크게 ①경제성장과 효율, ②교육, ③근로자와 트레이닝, ④시민권과 기회 균등, ⑤도시 건설과 개발, ⑥오염 방지, ⑦자원보호 및 재생, ⑧문화와 예술, ⑨의료 서비스, ⑩정부에 대한 자원 등 10개 영역으로 분류할 수 있다.[24]

제2절
중국에서의 기업의 사회적 책임론의 전개

중국은 개혁개방 이후 오랜 기간 동안 경제성장 우주의 정책을 펼쳐왔다. 그러나 이러한 맹목적 경제발전 전략으로 인하여 여러 가지 사회문제가 부각되면서, 중국 정부, 기업 내지 일반대중들은 차츰 기업의 사회적 책임에 눈길을 돌리기 시작하였다. 특히 중국 정부는 기업의 사회적 책임이행을 사회문제를 해결할 수 있는 열

24· Social Responsibility of Business Corporations, *A Statement on National Policy by the Research and Policy Committee for Economic Development*, June 1971, pp.36~44. 王玲, 앞의 책, 20쪽 재인용.

쇠라고 판단하여 적극적으로 기업의 사회적 책임을 추진해 왔다. 또한 일반대중은 삶의 질의 제고에 대한 욕구가 증대됨에 따라 기업이 제품안전, 노동분쟁, 환경파괴 등 사회문제를 야기한 주범으로서 사회적 책임을 수행할 것을 기대하고 있다. 뿐만 아니라 기업 경영자들도 역시 하나의 경영전략으로 기업의 사회적 책임에 대해 열의를 보이고 있다.

I. 기업의 사회적 책임론의 역사[25]

1. 발전 과정

중국에서의 기업의 사회적 책임의 발전과정을 살펴보면, 1978년 개혁개방정책을 실시한 시점을 분계점으로 하여 크게 2단계로 나눌 수 있다. 제1단계는 중화인민공화국 건국 이후로부터 개혁개방 이전까지의 계획경제 시기이며, 개혁개방 이후부터 현재까지는 제2단계에 해당한다.

(1) 제1단계

개혁개방 이전까지 중국은 사회주의국가로서 계획경제정책을 기반으로 하는 경제체제를 실시하였다. 따라서 이 시기에는 국가와 기업이 구분되지 않았기 때문에 진정한 의미의 기업은 존재하지 않았다. 기업은 모두 국영기업이었고 독립적인 기업이익은 없

---

25. 王玲, 앞의 책, 37~41쪽 참조.

었다. 또한 기업은 정부조직의 일부로 여겨졌기 때문에, 경제기능뿐만 아니라 근로자와 그들 가족의 복지를 위해 교육시설, 건강시설, 노령연금 및 기타 생활에 편리한 기초시설을 개설하는 등 복지제공 역할까지 부담해왔다企業辦社會. 이와 같이 국영기업이 사회에 대하여 서비스를 제공한다는 면에서 기업의 사회적 책임과 공통점이 있지만, 독립적인 경제조직이 아닌 정부기관의 일부로서 정부 본연의 사회적 역할을 대신 수행했다는 점을 감안해 볼 때 기업의 사회적 책임과는 다른 개념이라고 해석된다. 또한 기업의 사회적 책임은 주주뿐만 아니라 근로자, 소비자, 채권자, 지역사회 등을 포함하는 모든 이해관계자의 이익을 보호하는 것을 목표로 하지만 이 시기 국영기업들은 오로지 근로자 및 그들의 가족의 이익만 고려했다는 점에서 기업의 사회적 책임과는 본질적으로 구분된다.[26]

(2) 제2단계

개혁개방 이후, 중국의 국영기업은 정경분리政經分離를 통해 현대적인 기업제도를 도입하였고 민영기업, 외자기업 등 새로운 기업형태가 속출함에 따라 중국은 급속한 경제 성장을 이루었다. 이러한 과정에서 기업은 정부로부터 독립적인 경제조직으로 인정받기 시작하였고 이전에 부과되었던 사회적 역할도 사실상 면제 받게 되었다.

개혁개방 이후부터 1990년대 중반까지 중국 기업들은 단순히

---

26 · Li-Wen Lin, "Corporate Social Responsibility in China : Window Dressing or Structural Change", *Berkeley Journal of International Law* Vol.28, 2010, p.24.

부의 창출, 이윤극대화에만 매진하였다. 또한 계획경제 시기의 기업의 사회적 역할에 대한 부정적인 인식으로 인해 기업에게 사회적 책임을 부과하는 것은 잘못된 것이라고 주장하는 학자들이 적지 않았다. 이 시기의 중국 기업들은 이윤의 극대화에만 몰두하여 사회에 대한 책임을 정부에게 떠맡겼기 때문에 중국에서 기업의 사회적 책임은 '진공상태'에 빠지게 되었다.

1990년대 중반에 들어 경제는 급격히 성장하였으나 빈부격차, 환경오염 등의 사회문제들이 차츰 수면으로 부상하기 시작하였다. 또한 세계경제의 글로벌화와 일체화가 가속화되고, 특히 WTO에 가입한 이후 국제적인 기업의 사회적 책임 기준 및 방침이 중국으로 도입됨에 따라 학계와 실무 차원은 기업의 사회적 책임에 깊은 관심을 보이고 있고 정부 또한 기업의 사회적 책임을 원용하여 사회문제를 해결하고자 한다.

2. 태도의 변화

그러나 기존의 편면적인 경제성장정책과 차별화되는 후진타오胡錦濤－원자바오溫家寶 체제에서는 '사람을 근본으로 삼는다以人為本', '조화로운 사회和諧社會', '과학발전관科學發展觀' 등 발전전략을 강화하였다. 이와 더불어 기업의 비윤리적 경영으로 인해 야기되는 일련의 사회적 문제들이 부각되었고, 이는 중국 기업인과 학자들이 기업의 사회적 책임을 수용하는 계기로 작용하였다. 특히 전 세계은행 부총재 린이푸林毅夫 교수는 기업이 이윤을 추구하는 것은 당연하지만, 기업의 행위는 사회, 근로자 등 이해관계자에 대하여 악영향을 미칠 수 있기 때문에 사회의 번영과 조화를 위하여 사회적 책임을 강화하여야 한다고 강조하였다.[27] 이와 비슷한 견해로, 다른 학자들은 현재 기업이 초래한 사회문제의 집중성과 엄중성은 우리들로 하여금 기업의 사회적 문제를 외면할 수 없게 하였다고 지적하고 있다.[28] 즉, 기업이 이윤을 추구하는 과정에서 사회에 미치는 해악을 상쇄하기 위하여 기업의 사회적 책임을 인정해야 한다는 공통적 인식이 반영된 것이다.

비록 기업의 사회적 책임에 대한 논의가 도입된 초기에 대부분의 중국 기업인들은 아직 사회적 책임을 부담할 경제적 여력이 없다거나 기업의 사회적 책임은 '선진국의 무역장벽'이고 선진국의 관행을 그대로 실행하기에는 중국 실정에 맞지 않다고 비판하였다.[29] 이처럼 당시의 중국 기업들은 사회적 책임에 대해 부정적인 시각으로 보았다.

그 외에도 기업의 사회적 책임을 유도하고 강화하는 것은 ①기업의 경쟁력을 높이고, ②경제 글로벌화의 요구에 부응하며, ③사회의 지속가능한 발전을 실현하고, ④'과학발전관'과 '조화로운 사회'를 실현하기 위한 요건이라는 설명도 있다.[30] 이와 같은 주장은 이론적 근거보다는 현실적인 측면, 다시 말해 기업과 사회 발전의 요구로부터 출발하여 기업의 사회적 책임의 필요성을 강조하고 있다. 따라서 현재 중국 내에서는 이미 기업의 사회적 책임에 대해 충분한 공감대가 형성되고 이를 긍정하는 태도가 지배적인 것이

27· 樓建波 · 郭秀華, 「現代企業社會責任核心理念和中國實踐之路」, 『企業社會責任專論』, 北京大學出版社, 2009, 2쪽.

28· 沈四寶 · 程華爾, 「淺談中國企業社會責任」, 『企業社會責任專論』, 北京大學出版社, 2009, 343쪽.

29· 이관승 · 정선욱, 「중국에서의 기업의 사회적 책임[CSR] 관련 문헌에 대한 최근 연구 동향 및 전망」, 『국제노동브리프』 제9권 제7호, 2011.7, 103쪽.

30· 王玲, 앞의 책, 99~115쪽.

현실적인 상황이다.[31]

Ⅱ. 기업의 사회적 책임의 개념과 법적 성질

1. 개념

중국에서의 기업의 사회적 책임에 대한 연구는 주로 미국을 비롯한 서구의 이론과 경험을 바탕으로 하여 연구가 전개되어 왔다. 국외에서의 논의와 마찬가지로 중국 학계에서도 기업의 사회적 책임이 무엇인가에 대하여 다양한 정의를 내리고 있다.

예를 들어 기업의 사회적 책임이란 기업이 최대한도로 주주를 위하여 이익을 추구하거나 이윤을 창조하는 것을 자신의 유일한 목표로 할 것이 아니라, 주주이익 외에 기타 모든 사회이익을 최대한 실현하여야 한다고 주장하면서, 사회이익에는 근로자이익, 소비자이익, 채권자이익, 중소경쟁자의 이익, 지역사회의 이익, 환경이익, 사회약소자의 이익 및 사회공익 등이 포함된다는 견해가 있다.[32] 이와 비슷한 견해로, 기업이 주주이익 극대화를 추구하는 것 외에 사회이익을 유지하고 제고하기 위하여 부담하는 의무,[33] 또는 기업이 주주이익 외의 사회공익에 대하여 부담하는 책임, 즉 채권자, 근로자, 공급업자, 소비자, 지역사회의 이익 및 정부가 대표하는 조세이익, 환경이익 등을 보호하는 것이라고 주장하였다.[34]

31· 樓建波 · 郭秀華, 앞의 논문, 2쪽.
32· 劉俊海, 앞의 책, 6~7쪽.
33· 盧代富, 『企業社會責任的經濟學與法學分析』, 法律出版社, 2002, 96쪽.

중국 현행법상 기업의 사회적 책임에 대한 명확한 정의는 아직 없다. 그러나 관련 규정으로부터 어느 정도 그 개념을 도출해볼 수는 있다. 『상장회사 관리준칙上市公司治理準則』[35]에서는 이해관계자에 관한 전문 규정을 두어 기업이 부담해야 할 사회적 책임을 보다 구체적으로 설명하였다. 이 준칙에 따르면 상장회사는 은행 및 채권자, 근로자, 소비자, 공급업자, 지역사회 등 이해관계자의 합법적 권리를 존중해야 한다(제81조). 또한 회사의 지속가능한 발전을 유지하고 주주이익의 극대화를 실현함과 동시에 지역사회의 복지, 환경보호, 공익사업 등 문제에 관심을 가지고 회사의 사회적 책임을 중시하여야 한다(제86조)고 규정하고 있다. 또한 중국은행업협회의 『중국 은행업 금융기구 기업의 사회적 책임 지침中國銀行業金融機構企業社會責任指引』의 제3조에서는 '본 지침에서의 기업의 사회적 책임이란 은행업 금융기구가 그의 주주, 근로자, 소비자, 상업 파트너, 정부 및 지역사회 등 이해관계자와 사회 및 환경의 지속가능한 발전을 위하여 부담하는 경제적, 법적, 윤리적, 자선적 책임이다'라고 규정하고 있다.

이상과 같은 학설과 법 규정을 종합해 보면 기업이 영리성을 추구하는 것 외에 사회적 책임을 부담해야 한다는 것에 대해서 대체로 이견은 없는 것으로 보인다. 그렇지만 주주 외에 기업이 보호해야 할 이해관계자의 범위에 무엇이 포함되는가에 대해서는 다소 의견의 차이를 보인다.

사회적 책임이라는 말이 그 현상을 분석하는 사람이나 해석자

---

34. 朱慈蘊, 『公司法人格否認法理研究』, 法律出版社, 2000, 299쪽.

35. 2002년 1월 7일 중국 증권감독관리위원회와 원 국가경제무역위원회(현 상무부)에서 연합하여 공포한 규정이다.

에 따라 의미하는 바가 다르고,[36] 또한 여러 나라의 역사적 배경, 제도적 토대, 문화적 배경이 다양함에 따라 사회적으로 요구되는 기업의 책임도 상이하게 논의되고 있다.[37] 그래서 현재의 연구에서 기업의 사회적 책임에 대한 개념을 전부 통일적으로 논의하기에는 다소 어려움이 있다. 그러나 기업의 사회적 책임에 대한 다양한 정의에도 불구하고 어느 정도의 일치를 보이고 있는데, 그것은 기업의 사회적 책임이 주주의 이익뿐만 아니라 기타 이해관계자들의 이익까지 종합적으로 고려할 것을 요구한다는 것을 의미한다. 즉 기업의 사회적 책임이란 기업이 주주이익 극대화를 추구하는 동시에 기업 경영에 있어서 기타 이해관계자들의 이익을 고려해야 하며, 기타 이해관계자들의 이익을 희생시키는 대가로 주주이익을 추구해서는 안 된다는 것으로 해석할 수 있다. 여기서 기타 이해관계자는 매우 포괄적인 개념으로서, 거시적 차원에서 볼 때 주주 외의 채권자, 근로자, 소비자, 지역사회 나아가 사회 전체를 모두 포함하는 것이다.

2. 법적 성질[38]

기업의 사회적 책임에 관하여 또 하나의 중요한 과제는 기업의 사회적 책임의 성질을 어떻게 이해하는가 하는 것이다. 기업의 사회적 책임의 정의에 대해 통일된 견해가 없는 만큼 그 성질에 대한 학자들의 의견도 분분하다.

36· 구본장 · 강준의, 앞의 논문, 282쪽.

37· 김동근, 앞의 논문, 244쪽.

38· 崔麗, 앞의 학위논문, 33쪽 참조.

(1) 기업의 사회적 책임에서 '책임'의 의미

기업의 사회적 책임이라는 용어는 'Corporate Social Responsibility'를 번역한 것이다. '기업의 사회적 책임'에서 '책임Responsibility'은 중국법상의 '책임責任'보다는 '의무義務'에 더 가까운 개념으로 해석된다.

중국법상 책임이란 위법행위에 대한 법적 불이익, 즉 법적 책임을 뜻하는 것이다. 의무는 법적 주체가 일정한 행위를 하여야 할, 또는 해서는 안 되는 것, 즉 법적 구속력을 의미하는 것이다. 법적 주체가 의무를 이행하지 않을 경우에 책임이 발생하게 된다. 예를 들어 중국 2005년 개정 회사법에서는 제5조에서 사용된 '사회적 책임'을 제외하고 기타 관련 조문에서 사용된 '법적 책임', '민사책임', '배상책임', '위약책임', '연대책임' 등에서 의미하는 책임은, 법적 주체가 의무를 이행하지 않을 경우 부담하는 법적 불이익을 가리키는 것이다. 한편으로, 중국 회사법에서 '주식인수자의 의무', '이사 · 감사 · 고급관리인원高級管理人員[39] · 의 의무', '충실의무', '근면의무' 등의 용어에서 의무는 법적 주체가 일정한 행위를 해야 할, 또는 해서는 안 되는 것을 의미한다.

위에서 기업의 사회적 책임이란 기업이 주주이익의 극대화를 추구하는 동시에 기타 이해관계자들의 이익까지 고려하는 것이라고 정의하였다. 이해관계자들의 이익을 고려한다는 것은 결국 기업이 경영활동에서 이해관계자들을 위하여 일정한 행위를 하는 것(예를 들어 근로자의 근무 환경 개선, 기부활동 등), 또는 일정한 행위를 하지 않는 것(예를

---

[39] 고급관리인원이란 회사의 경리 · 부경리 · 재무담당자 · 상장회사의 이사회 비서와 회사 정관에서 규정한 기타 인원을 말한다(현행 회사법 제216조).

들어 환경파괴, 불량제품 생산 등)을 의미하는 것이다. 따라서 기업의 사회적 책임에서 '책임'은 결코 법적 개념상의 '책임', 즉 법적 불이익을 뜻하는 것은 아니며, '의무'에 더 가까운 개념으로 이해할 수 있다.

(2) 도덕적 책임과 법적 책임의 결합

중국의 법학자들은 기업의 사회적 책임이 도덕적 책임인지 법적 책임인지에 대해 논의를 진행하고 있는데 기업의 사회적 책임이 양자를 모두 포함하고 있다고 보는 것이 주된 견해이다.[40]

법적 책임이란 법률화되고 국가의 강제력에 의해 그 이행이 보장되는 책임을 뜻한다. 회사에 대한 '경성 규정硬約束'로서 기본적인 사회질서를 유지하는 데 요구되는 최저한도의 도덕을 법제화한 것이다.[41] 즉, 법적 책임은 법적 강제성을 띤 사회적 책임을 가리키는 것으로서 기업이 '준법경영'을 할 것을 요구하는 것이다. 예를 들어, 노동법과 안전생산법은 기업이 근로자의 권익을 보호하도록 규정하고 있다. 또한 제품품질법은 생산자 또는 판매자가 생산 또는 판매하는 제품의 품질을 보장하도록 요구하고 있다. 따라서 기업은 근로자의 합법적인 권익보호, 제품품질 보장 등의 사회적 책임을 부담하여야 하며 이를 어길 경우 법적 처벌을 받게 된다.

도덕적 책임이란 법률화되지 않은 것으로서 회사가 자발적으로 이행하는 것을 의미한다. 법적 책임은 법적 강제성이 뒷받침되는 반면, 도덕적 책임은 윤리도덕 규범의 압력에 의해 요구되는 것이다. 즉, 국가 강제력 외의 기타 수단에 의해 그 이행이 보장되는

40· 이와 같은 견해로는, 王玲, 앞의 책, 54쪽; 劉俊海, 「強化公司社會責任的若干思考－兼談新《公司法》第5條的解釋－」, 『企業社會責任專論』, 北京大學出版社, 2009, 200쪽.

41· 盧代富, 앞의 책, 96쪽.

책임을 뜻하는 것이므로, 이를 회사에 대한 '연성 규제軟約束'라고 한다.[42] 따라서 이를 제대로 이행하지 않는다고 하더라도 법적 제재는 가해지지 않는다. 그러나 사회 여론의 비난을 받거나 기업의 이미지가 손상되는 등 불이익을 불러올 수 있다. 도덕적 책임은 기업이 사회에 이익이 되는 경영을 할 것을 요구하는데, 기부행위나 공익활동 등이 이에 해당된다.

사회적 책임을 전부 법률의 형식으로 규정할 수는 없기 때문에 도덕적 책임은 법적 책임을 보충하는 역할을 한다. 그러나 양자 모두 기업의 사회적 책임을 구성하는 요소로서 양자의 책임 범위는 고정된 것이 아니라 역동적으로 변화한다. 기업의 사회에 미치는 영향이 커질수록 기업의 자율에 맡겨졌던 사회적 책임은 법적 책임으로 승화될 수 있다. 그리고 기업의 사회적 책임 인식이 제고되고 시장에 의해 기업의 사회적 책임이 규제될 수 있으면 법률에 의해 규율되던 사회적 책임은 더 이상 법률에서 규정하지 않고 전적으로 기업의 자율에 맡겨질 것이다.

Ⅲ. 중국 정부의 기업의 사회적 책임에 관한 정책

1. 법적 규범

중국은 기업의 사회적 책임에 대한 법령들을 제정 · 공포하여 채권자, 소비자, 근로자, 지역사회 등 회사의 이해관계자 보호와

42· 盧代富, 앞의 책, 96쪽.

기업의 사회적 책임을 강조하고 있다. 그러나 현재까지 중국법상 기업의 사회적 책임을 통일적으로 법제화한 법률은 없으며 기업의 사회적 책임에 관한 법 규정은 회사법, 소비자보호법, 노동법, 환경보호법 등 여러 개별법에 산재되어 있다. 아래에서 기업의 사회적 책임 관련 법적 규범을 살펴보기로 한다.

(1) 회사법

회사법은 기업 활동의 기본법이라고 할 수 있다.[43] 중국은 2005년 개정 회사법 제5조에서 "회사는 경영활동을 함에 있어 반드시 법률과 행정법규를 준수하여야 하고, 사회 공공도덕과 상업도덕 및 신의성실의 원칙을 지켜야 하며, 정부와 사회공중의 감독을 받고 사회적 책임을 져야 한다"고 규정함으로써 최초로 법률의 형식으로 기업의 사회적 책임을 명시하였다. 이는 중국 정부가 기업의 사회적 책임을 중요시한다는 사실을 입증하는 법령이기도 하다. 기업의 사회적 책임에 관한 일반규정을 회사법에 두고 있다는 점에서 중국 정부가 기업의 사회적 책임을 추진하는 데 적극적인 의지를 갖고 있다고 평가된다.

현행 회사법 제5조는 2005년 개정 회사법 제5조를 그대로 유지하고 있으며, 이 외에도 기업의 사회적 책임과 관련하여, 대표적으로 근로자 권익보호 규정(제17조), 노동조합과 근로자대표에 관한 규정(제18조), 법인격 부인의 법리원칙과 권리남용에 관한 책임

43· 중국 현행 기업법 중 회사법 외에 전민소유제공업기업법(全民所有制工業企業法), 성진집체소유제기업조례(城鎮集體所有制企業條例), 합화기업법(合夥企業法), 개인독자기업법(個人獨資企業法), 중외합자경영기업법(中外合資經營企業法), 중외합작경영기업법(中外合作經營企業法), 외자기업법(外資企業法) 등이 있다.

규정(제20조), 감사회에 근로자대표를 두는 규정(제51조 · 제70조 · 제117조) 등이 있다.

(2) 기타 개별법

기업의 사회적 책임에 대한 기타 개별법으로는 주로 소비자권익보호법, 노동법, 노동계약법, 환경보호법, 공익사업기부법 등이 있으며 부분적으로 기업의 사회적 책임을 다루고 있다. 위 법령들은 기업의 사회적 책임을 염두에 두고 제정한 것은 아니지만 기업의 이해관계자의 이익을 보호하기 위한 취지로 입법된 것으로, 넓은 의미에서 기업의 사회적 책임과 관련된 법령이라고 할 수 있다. 주요 핵심별 관련 법령은 〈표 2〉와 같이 분류할 수 있다.[44]

〈표 2〉 기업의 사회적 책임 관련 중국 주요 법령

보호대상	주요 법령
채권자	회사법(公司法), 계약법(合同法), 물권법(物權法), 담보법(擔保法), 기업파산법(企業破產法)
근로자	회사법(公司法), 노동법(勞動法), 노동계약법(勞動合同法), 노동조합법(工會法), 부녀권익보장법(婦女權益保障法), 직업병방지법(職業病防治法), 안전생산법(安全生產法), 아동노동금지규정(禁止使用童工規定), 최저급여규정(最低工资规定), 근로자 노동시간에 관한 규정(國務院關於職工工作時間的規定)
소비자	소비자권익보호법(消費者權益保護法), 제품품질법(產品質量法), 부정경쟁방지법(反不正當競爭法), 식품안전법(食品安全法)
환경	환경보호법(環境保護法), 해양환경보호법(海洋環境保護法), 청결생산촉진법(清潔生產促進法), 에너지절약법(節約能源法), 환경오염방지법(環境污染防治法), 대기오염방지법(大氣污染防治法), 물오염방지법(水污染防治法), 환경소음오염방지법(環境噪聲污染防治法), 방사성오염방지법(放射性污染防治法)
지역사회	기업소득세법(企業所得稅法), 공익사업기부법(公益事業捐贈法)

44· 王玲, 앞의 책, 160~169쪽을 참조하여 작성한 것임.

2. 기업의 사회적 책임 관련 정책과 기타 규범

2002년 중국공산당 제16차 전국대표대회에서 중국 정부는 '사람을 근본으로 삼는다', '과학발전관', '조화로운 사회' 등 발전전략을 제시하였다. 이를 통해 경제 발전의 양적 팽창에서 환경과 민생을 고려하는 질적 성장으로 전환하고자 노력하였다. 이에 따라 후진타오 주석은 2006년에 개최한 중앙경제사업회의에서 기업은 장려제도를 완비하고 외부규제를 강화하며 현대적 경영이념을 수립하고 사회적 책임을 중요시하여야 한다고 강조하였다.[45] 그 후 중국 정부는 '12차 5개년 계획(2011년-2015년)'에서 에너지 절약 및 환경 보호, 경제의 균형적인 발전과 조화로운 사회의 건설 등과 관련된 구체적인 정책방향을 제시하였다. 또한 민생을 개선하고 저소득층 및 소외계층의 생활을 향상시키며 사회복지 및 자선활동을 추진하고 근로자의 권익을 보호하기 위한 일련의 정책을 제정하였다. 이러한 중국 정부의 정책들은 모두 기업의 사회적 책임과 관련된 내용으로 해석된다.[46]

2002년 1월 중국증권감독위원회와 원 국가경제무역위원회(현 상무부)는 『상장회사 관리준칙上市公司治理準則』을 공포하여 상장회사는 회사의 지속가능한 발전을 유지하고 주주이익의 극대화를 실현함과 동시에 지역사회의 복지, 환경보호, 공익사업 등 문제에 관심을 가지면서 회사의 사회적 책임을 중시할 것(제86조)을 요구하였다.

또한 2007년 12월 국무원 국유자산감독관리위원회는 『중앙기

45· http://www.chinanews.com/cj/kong/news/2008/01-04/1124125.shtml.

46· 성승제, 「사회적 책임에 대응한 기업법제 개선방안 연구」, 『한국법제연구원 연구보고서』, 2013, 136쪽.

업[47]의 사회적 책임을 이행할 데 관한 지도의견關於中央企業履行社會責任的指導意見』을 발표하여 중앙기업의 사회적 책임의 규범화를 유도하였다. 이 지도의견에서 "중앙기업은 사회적 책임 의식을 높이고 적극적으로 사회적 책임을 이행하며 적법경영과 신의성실의 모범이 되어야 하고 국가경제의 기둥과 전 사회 기업의 본보기가 되어야 한다"고 강조하였다.[48] 같은 해에 은행감독위원회에서는『은행업금융기구의 사회적 책임을 강화할 데 관한 의견關於加強銀行業金融機構社會責任的意見』을 발표하였다. 또한 2009년 상무부는『외상투자기업의 사회적 책임이행의 지도적 의견外商投資企業履行社會責任指導性意見』을 발표하여 중앙정부 차원에서 기업의 사회적 책임을 적극 추진하고자 하였다.

한편 지방정부에서도 잇따라 기업에 사회적 책임을 요구하고 있다. 그 일례로 2008년 저장성浙江省 정부는『기업의 사회적 책임의 적극적인 이행을 추진할 데 관한 몇 가지 의견關於推動企業積極履行社會責任若干意見』을 공포하였다. 또한 같은 해 3월『기업의 사회적 책임 추진계획企業社會責任推動計劃』을 발표하여 사회적 책임을 충실히 이행하는 기업에게 재정 · 토지 · 금융 등 여러 방면의 지원을 제공하는 제도를 도입하였다. 그 외에 상하이 푸둥신구浦東新區, 광둥성廣東省 선전시深圳市 등 지방정부에서도 기업의 사회적 책임을 장려하는 다양한 정책들[49]을 시행하고 있다.

---

47. 중앙기업이란 중국 중앙정부에 의해 관리 감독을 받는 국유기업이며 일반적으로 국유자산관리감독위원회에서 관할한다.

48. 王丹,『政府推進企業社會責任法律問題硏究』, 法律出版社, 2010, 119~120쪽.

49. 예를 들어 선전시의『기업의 사회적 책임의 이행을 추진할 데 관한 의견(關於進一步推進企業履行社會責任的意見)』, 상하이 푸둥신구의『푸둥신구 기업의 사회적 책임 준칙(浦東新區企業社會責任導則)』과『푸둥신구 기업의 사회적 책임을 추진할 데 관한 몇 가지 의견(浦東新區推進企業社會責任若干意見)』, 장수성(江蘇省) 창저우시(常州市)의『창저우시 기업

중국은 법령의 제 · 개정 및 다양한 정책 수립을 통하여 기업에게 사회적 책임을 부담할 것을 주문하고 있다. 2005년 개정 회사법과 기타 이해관계자 관련 법령들은 법률적 차원에서 기업의 사회적 책임을 지지하는 역할을 하며, 중국 정부는 정책적으로 기업의 사회적 책임의 활발한 전개를 장려해 오고 있다. 이와 같이 중국의 기업의 사회적 책임은 사실상 정부 주도의 법적 · 제도적 개혁에 의해 전개되는 경향이 잇다. 그 까닭은 중국이 현재 계획경제에서 시장경제로 전환 중인 단계에 있기 때문이며, 법치가 완전하지 못하므로 정부의 통제행위가 사회경제활동에서 큰 역할을 하기 때문이다.[50] 따라서 중국에서의 기업의 사회적 책임은 사회와 경제의 협력적 · 균형적 발전을 통한 중국식의 지속가능한 발전 개념인 '조화로운 사회건설'에 동참하기 위한 전략적 수단으로서 정부주도로 확산되는 측면이 크다.[51] 기업의 사회적 책임에 대한 정부의 적극적인 역할은 중국에서의 기업의 사회적 책임의 하나의 특징이라고 할 수 있겠다.

의 사회적 책임 기준 실시의견(常州企業社會責任標準實施意見)』 등이 있다. 중국 지방정부에서 발표한 기업의 사회적 책임 관련 정책의 상세한 내용은 『中國企業社會責任發展報告(2006-2013)』, 企業管理出版社, 2014, 47~48쪽 참조.

50· 王丹, 앞의 책, 3쪽.

51· 이장원, 「기업의 사회적 책임에 대한 중국적 인식과 현황—한중협력의 새로운 발전방향 모색을 위한 시사점—」, 『한국환경정책평가연구원(KEI) 전문가 세미나 발표 원고』, 2013, 7쪽.

IV. 중국기업의 사회적 책임이행 현황과 그 분석

1. 현황

(1) 모범적 사례

중국원양운수中國遠洋運輸(COSCO)는 중국 최대의 해상운수기업으로서 대형 국유기업 중의 하나이다. 중국원양운수는 『포춘』(중문판)에서 발표한 『중국 기업의 사회적 책임 TOP100 순위中國企業社會責任100強排行榜』에서 2011년부터 3년 연속 1위를 기록할 만큼 그동안 적극적으로 사회적 책임을 실천해 왔다. 『유엔 글로벌 콤팩트』에 가입한 중국원양운수는 2005년부터 매년 사회적 책임보고서를 발행하고 있으며, 중원자선기금회中遠慈善基金會를 설립하여 장학사업, 교원 파견, 도서 기부 등 교육 지원 활동을 진행해왔다. 뿐만 아니라 '녹색물류'의 슬로건 하에 기술혁신을 통해 선박의 에너지 소비를 감소하는데 노력을 기울이고 있다.[52]

한편 중국 최대 PC 제조업체인 레노버Lenovo(聯想)는 환경보호, 공익사업 등을 통해 사회적 책임을 적극 추진하여 왔다. 레노버는 자원봉사자협회를 조직하여 3,000여 명의 회원을 두고 있는데, 이는 레노버 중국 사원의 30%에 달한다. 자원봉사자들은 매년 8시간의 근무시간을 이용하여 사회공익활동에 참여할 수 있다. 또한 레노버는 환경오염을 줄이기 위해 모든 제품을 에너지스타Energy Star[53] 프로그램에 참여시키고 있으며 95%의 노트북, 50%의 데스

---

52. 중국원양운수 홈페이지(www.cosco.com) 홍보내용 참조.
53. 에너지스타는 온실가스 배출을 감축하기 위해 고효율 에너지 제품의 사용을 장려하는 미국 정부의 국제 프로그램이다.

크 탑, 95%의 모니터는 에너지스타의 에너지절약기준에 부합될 뿐만 아니라 ThinkCentre와 IdeaCentre 제품군은 전 제품 모두 에너지스타 마크를 획득하였다. 레노버는 '고객을 위한', '파트너를 위한', '투자자를 위한', '근로자를 위한', '환경을 위한'과 '사회를 위한'을 의미하는 '6개를 위한六為'을 사회적 책임 실천의 모델로 삼고 있다.[54]

중국에 진출한 일부 외자기업들 또한 자발적으로 사회적 책임을 수행하고 있다. 그중 삼성이 대표적이다. 삼성은 2013년 3월 중국 본사 창립 18주년을 맞아 'CSR경영 원년'을 선포하였으며 2005년부터 추진해 온 농촌지원 · 교육지원 · 사회복지 · 환경보호 등 4대 사회공헌활동을 더욱 발전시켜왔다. 더 나아가 청소년을 대상으로 한 공익프로젝트를 추진할 계획이라고 밝혔다. 삼성의 기업의 사회적 책임의 사례는 외자기업으로는 유일하게 중국 사회과학원이 운영하는 MBA과정 교재에 소개되기도 하였다.[55]

이처럼 국내외 기업을 막론하고 중국에서 기업의 사회적 책임활동이 활발히 전개되고 있는 중요한 이유는 기업의 사회적 책임이 장기적인 기업경영을 위한 필수적인 요소로 인식되었기 때문이다. 또한 중국 현지 경영의 성공 여부를 결정하는 중요한 기업의 제반활동 중 하나로 생각하기 때문이다.[56] 경영 수단으로 기업들이 사회적 책임을 이용하는 이유에 대해서 일종의 '경영 쇼'에 불과하다고 볼 수도 있겠지만, 그 이유를 불문하고 많은 기업들이

54· http://www.fortunechina.com/rankings/c/2013-03/12/content_147543.htm 참조.

55· http://economy.hankooki.com/lpage/industry/201408/e20140821165949120250.htm 참조.

56· 윤성환, 「기업의 사회적 책임활동이 소비자들의 제품 평가 및 행위적 반응에 미치는 영향: 중국진출 한국기업을 대상으로」, 『POSRI 경영경제연구』 제9권 제2호, 2009.12, 99쪽.

적극적으로 기업의 사회적 책임 활동에 참여하는 것은 더 넓은 범위에서 기업의 사회적 책임의 중요성을 알리고 기타 기업들의 사회적 책임 동참을 유도할 수 있다는 면에서 긍정적으로 이해되고 있다.

(2) 기업의 사회적 책임 청서의 평가

전반적으로 중국 기업들의 사회적 책임이행 현황을 알아보기 위해서는 중국 정부의 싱크탱크인 사회과학원에서 발표한 『기업의 사회적 책임 청서 2013企業社會責任藍皮書2013』[57]를 살펴볼 수 있다. 중국사회과학원에서는 2009년부터 5년 연속 100대 국유기업, 100대 민영기업 및 100대 외자기업 등 총 300개 기업을 대상으로 사회적 책임이행 수준에 대해 평가하였다. 그 결과 [그림 1]에서 볼 수 있듯이 2009년 보고서를 발간한 이래, 중국 기업의 CSR 지수는 지속적으로 증가하고 있다. 특히 국유기업은 민영기업이나 외자기업에 비해 CSR 지수가 월등히 높게 나타나 이미 '추격자'[58] 단계에 진입하였고, 국유기업 중에서도 중앙기업의 CSR 지수는 가장 높아 선두역할을 하고 있다([그림 2] 참조).

57· 기업의 사회적 책임 청서는 중국사회과학원의 CSR 연구센터에서 발간한다. 해당 기관은 기업의 사회적 책임 연구를 수행하는 유일한 국가급 연구기관이다.

58· CSR 지수 평가기준은 기업의 연도보고서, 기업의 사회적 책임 활동에 관한 보고서, 기업 홈페이지의 사회적 책임 활동자료 등 내용을 기초로 점수가 매겨지며, '탁월자'(80점 이상), '선도자'(60~80점), '추격자'(40~60점), '초보자'(20~40점)와 '방관자'(20점 이하) 등 5개 단계로 분류한다. 여기서 ①'탁월자'는 전담조직과 인력, 제도와 규정 등을 비롯한 체계적인 CSR 관리 시스템을 구축하고 관련 정보를 완전히 공개하는 기업이다. ②'선도자'는 점진적으로 CSR 관리체계를 구축해 나가고 있고 관련 정보도 비교적 우수한 수준으로 공개하고 있는 기업이다. ③'추격자'는 CSR 선도 기업들을 모방해 기본적인 수준의 자료를 공개하며 CSR 관리 업무를 적극 추진하기 시작한 기업들이다. ④'초보자'는 갓 CSR의 중요성에 눈을 떴으나 아직 체계적인 CSR 시스템을 갖추지 못한 기업으로서, 관련 정보의 공개수준도 매우 단편적이다. ⑤'방관자'는 CSR 관련 정보의 공개 수준이 매우 미흡한 기업이다. 이장원, 앞의 논문, 10~11쪽.

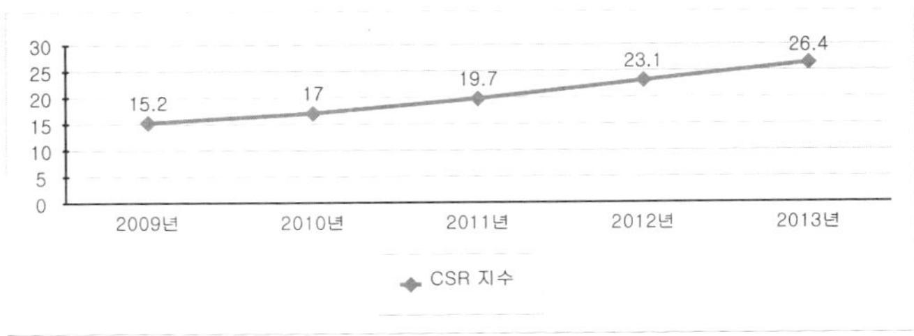

[그림 1] 2009-2013년 중국기업의 CSR 지수 추이
자료 출처: 중국사회과학원 CSR 연구센터

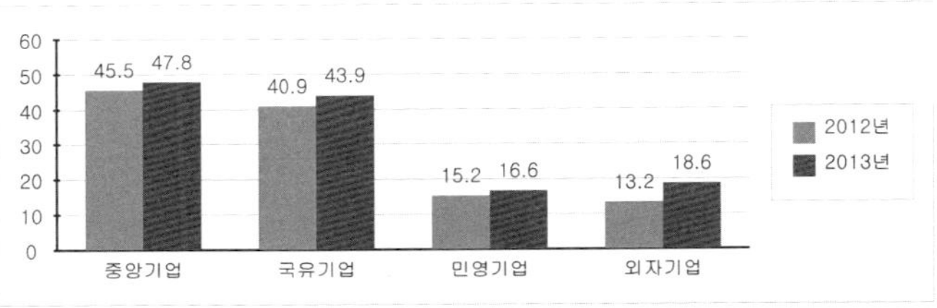

[그림 2] 2012-2013년 종류별 중국 내 기업 CSR 지수
자료 출처: 중국사회과학원 CSR 연구센터

2006년 국유기업인 국가전망공사國家電網公司에서 최초로 기업의 사회적 책임 보고서를 발간한 데 이어 기타 국유기업도 잇따라 기업의 사회적 책임 보고서를 발간하였다. 중국사회과학원의 『중국기업의 사회적 책임 보고서中國企業社會責任報告白皮書』에 따르면 2013년 국유기업의 보고서 수량은 630개로 전체 사회적 책임 보고서의 58.2%를 차지해 가장 적극적으로 보고서를 발간하고 있는 것으로 나타났다([그림 3] 참조).

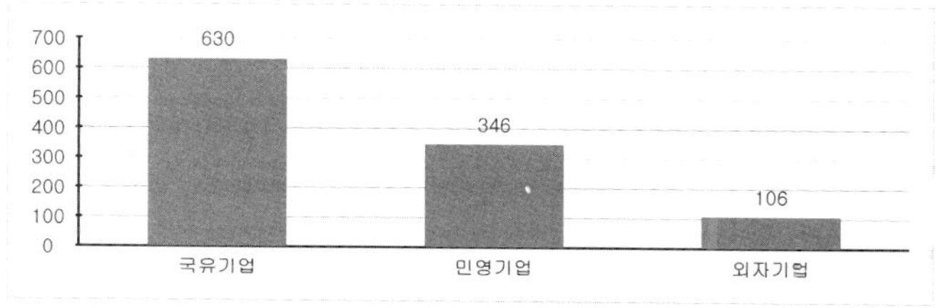

[그림 3] 2013년 종류별 중국 내 기업 CSR 보고서 수량

자료 출처: 중국사회과학원 CSR 연구센터

이와 같은 현상은 한편으로 국유기업이 공기업으로서 기업의 영리성 외에도 사회성이 강조되므로, 예를 들어 국무원 국유자산 감독관리위원회에서 『중앙기업의 사회적 책임을 이행할 데 관한 지도의견』을 발표하는 등 국유기업에 대한 중국 정부의 사회적 책임이행 요구가 높아짐에 따라 기타 유형의 기업에 비해 국유기업이 사회적 책임을 활발히 수행하고 있음을 보여준다.

그러나 『기업의 사회적 책임 청서』에 따르면, 2013년 중국 기업의 CSR 지수는 평균 26.4점으로 전반적으로 '초보자' 단계에 있어 개선의 여지가 많다고 지적했다. 또한 절반 이상의 기업은 여전히 사회적 책임을 제대로 이행하지 않는 것을 의미하는 '방관자' 단계에 머물고 있다.[59] 이처럼 국유기업을 포함한 300대 중국기업의 사회적 책임이행은 만족스럽지 못하다. 한편으로 규모가 작거나 경제력이 약한 중소기업들의 사회적 책임 실천이 어떠할지 어느 정도 짐작 가능할 것이다.

59· 黃群慧 · 彭華崗 · 鐘宏武 · 張蒽 외, 『企業社會責任藍皮書 : 中國企業社會責任研究報告(2013版)』, 社會科學文獻出版社, 2013.

‘사람을 근본으로 삼는다’, ‘조화로운 사회’와 ‘과학발전관’ 등 정책이 제기되고 2005년 개정 회사법에서 기업의 사회적 책임을 수용한 이래 중국의 기업의 사회적 책임은 상대적으로 큰 발전을 가져온 것은 의심할 바가 없다. 그러나 중국은 여전히 제품안전, 근로자 권익보호, 환경보호 등 여러 면에서 심각한 사회문제를 갖고 있다. 가짜와 불량품이 빈번히 적발되고 근로자 권익 침해 현상과 안전사고가 속출하며 자원을 무절제하게 사용하고 폐기·폐수 등을 불법으로 배출하는 것이 그 구체적인 상황이라고 할 수 있다. 대표적인 사례로는 제4장에서 설명하게 될 ‘송화강 오염사건’[60], ‘멜라민 분유사건’[61], ‘팍스콘 연쇄자살사건’[62] 등이 있다.

2. 사회적 책임이행 부진의 원인 분석

중국에서 기업의 사회적 책임이행이 부진한 이유를 알아보면 향후 중국기업이 사회적 책임을 적극적으로 이행하는 데에 도움이 될 것이다. 따라서 다음에서는 중국 기업의 사회적 책임이행 부진의 원인에 대하여 구체적으로 기업, 정부와 사회단체 등 세 가지 측면에서 분석해 보았다.[63]

첫째, 기업의 사회적 책임에 대한 기업 경영자의 인식이 여전히 결핍되어 있다는 사실이다. 중국에서 사기업 성장의 역사는 짧은

60· 2005년 11월 지린성(吉林省) 길림석유화학회사(吉林石化) 벤젠공장의 폭발사고로 인명 피해가 발생하였으며 화학물질이 송화강에 유입되어 엄중한 물오염을 초래한 사건이다.

61· 2008년 싼루그룹(三鹿集團)의 분유제품에서 멜라닌 성분이 검출되었고 이를 섭취한 유아 수만 명이 신장결석이나 신부전증에 걸렸으며 사망 사례까지 발생한 사건이다.

62· 2010년 열악한 근무환경으로 인하여 2013년까지 연속적으로 근로자 자살사건이 발생하였다.

63· 崔麗, 앞의 학위논문, 161쪽 참조.

편이며 대부분 가족경영 형태를 취하고 있어서 대부분의 경영방식이 낙후한 상태이다. 이는 사회공익을 소홀히 하고 사회적 책임의 이행을 회피하는 중요한 원인 중의 하나이다. 또한 일부 기업들은 기업의 사회적 책임을 계획경제 시기의 기업의 사회복지 역할과 혼동하거나 기업의 사회적 책임을 정부나 대기업의 의무로 보아 자신들과는 아무런 관계가 없다고 생각하는 경향이 있다. 따라서 기업은 맹목적으로 이윤 추구에만 매진하고 그가 부담해야 하는 사회적 책임에 대해 등한시하고 있다.

둘째, 일반대중과 사회단체의 역량이 박약하다는 점이다. 기업의 사회적 책임은 사회와 밀접한 관계가 있는 문제로서 정부에만 의존할 것이 아니다. 따라서 일반대중과 사회단체의 적극적인 참여 및 기업의 사회적 책임 활동에 대한 감독 등이 절실히 요구된다. 외국의 경우 사회단체가 주축이 되어 기업이 사회적 책임을 충실히 이행하도록 감독하고 있다. 그러나 중국의 시민단체들은 언론매체를 포함하여 여러 가지 원인으로 인해 독립성이 약하여 제3자로서의 감독 역할을 충분히 수행하지 못하고 있다.

셋째, 기업의 사회적 책임이행과정에서 정부의 역할이 부족하다는 점이다. 기업의 사회적 책임 활동은 기업의 자율에만 맡길 수 없는 문제이므로 정부의 유도와 적극적인 추진 역할이 필요하다. 중국의 시민단체의 역량으로는 기업의 사회적 책임을 추진하는 데 한계를 지니므로 정부의 적극적인 관여와 지원이 요구된다. 비록 앞서 중앙정부와 일부 지방정부에서 기업의 사회적 책임을 추진하기 위한 일련의 정책과 조치들을 펼치고 있음을 살펴보았지만, 아직도 다수의 지방정부에서는 사회공익보다는 경제발전을 더욱 강조하는 모습을 볼 수 있다. 이러한 정부의 행위는 기업의 사회적 책임 활동에 소극적인 영향을 미치고 있다.

이상과 같이 살펴본 결과 기업의 사회적 책임을 활성화하기 위해서는 기업, 사회단체, 정부 3자 간의 상호협력이 원활히 이루어져야 함을 알 수 있다. 기업은 사회적 책임의 주체로서 기업의 적극적인 이행이 없다면 사회적 책임을 논하는 것은 탁상공론이나 다름없다. 따라서 기업은 사회적 책임의 이행을 기업 경영의 일부분으로 삼을 필요가 있다. 한편 중국 기업의 사회적 책임이행의 현황에서 살펴본 바와 같이, 현재 중국은 기업의 사회적 책임의 초기 단계에 있다. 따라서 현시점에서는 사회적 책임의 이행을 완전히 기업의 자율에 맡기는 것은 현실적이지 못하므로, 사회단체의 감독과 정부의 유도 및 감독이 필요하다.

사회단체는 기업 활동을 감독하는 중요한 사회역량으로서, 여론 분위기를 조성하는 등의 방법을 통하여 기업이 사회적 책임을 이행하도록 요구함과 동시에 기업의 사회적 책임에 대한 사람들의 인식을 제고하는 데 그 역할을 충분히 발휘할 필요가 있다. 이처럼 사회단체의 활발한 참여 외에도 정부의 유도와 감독 역할이 매우 중요하다. 정부는 다양한 정책과 법령을 통해 기업이 사회적 책임을 이행하도록 유도하고 감독하여야 하는 바, 그 중에서도 법적 제도를 활용하여 기업이 사회적 책임을 이행하도록 유도하는 것이 불가피하다고 본다.

이러한 인식을 바탕으로 아래 제3장에서는 일반론의 관점에서 회사법상의 기업의 사회적 책임을 논한 후, 제4장에서는 구체적인 이해관계자에 대한 기업의 사회적 책임에 대해 논의해보고자 한다.

03

중국 회사법상 기업의 사회적 책임

제1절 중국 회사법 제5조상의 사회적 책임

I. 기업의 사회적 책임에 대한 일반규정화

1. 국외에서의 일반규정화에 대한 논의 및 입법례

(1) 논의

기업의 사회적 책임을 입법에 반영시킬 것인지에 관한 문제는 기업의 사회적 책임론과 관련된 하나의 중요한 법적 명제이다. 이와 관련하여, 기업의 사회적 책임에 대한 법 규정이 아직 마련되어 있지 않은 한국과 일본의 경우, 주로 기업의 사회적 책임에 대한 일반규정을 도입할 것인지에 대하여 논의가 진행되고 있다.[1] 한국과 일본에서의 논의의 내용을 살펴보면, 두 나라 모두 찬반론이

첨예한 대립을 이루고 있으나, 대체로 부정하는 견해가 다수이며,[2] 부정하는 근거의 내용도 대동소이한 것으로 분석된다.

기업의 사회적 책임에 대한 일반규정을 두는 데 부정하는 근거로는 ①기업의 사회적 책임이라는 개념은 내용상 불명확하고, ② 일반규정을 두어도 재판규범으로서의 실효성이 없으며, ③경영자의 재량권 확대의 결과를 가져올 우려가 있다는 점,[3] ④사회가 극단적인 우익이나 좌익으로 기울었을 때 정치적 권력에 악용될 우려가 있다는 점,[4] ⑤입법례로 보아 아직은 사회적 책임의 규정화가 희소하다는 점[5] 등을 들고 있다.[6]

한편 긍정하는 입장에서는 회사는 주주이익을 위해 활동해야 하지만, 현재는 그것을 넘어서서 지역사회나 전체사회를 위한 무상기부도 허용되고 있으며, 그것이 이사의 충실의무 위반이 되지 않는다는 점, 또한 공해 방지 및 공정거래를 통한 준법행위가 사회와 관련하여 회사의 존립기반을 이룬다는 점 등으로 인해 일반규정을 둘 필요가 있다고 주장한다.[7] 또한 이사회의 의무로서 회사의 규모랑 경영상태, 자산상태에 부응하는, 그리고 회사의 목적 혹은 기업의 종류에 따라 되도록 사회적 책임을 다하도록 노력할

1· 기업의 사회적 책임의 일반규정화에 대한 일본에서의 자세한 논의 내용은 畠田公明, 「会社の目的と社会的責任の法理論に関する総論的考察」, 『福岡大学法学論叢』 58(1), 2013.6, 51쪽 이하 참조.

2· 이철송, 『회사법강의(개정상법)』, 박영사, 2012, 66쪽 이하; 畠田公明, 위의 논문, 50쪽.

3· 竹内昭夫, 『会社法の理論 I 総論 · 株式(商事法研究第一巻)』, 有斐閣, 1984, 110쪽 이하.

4· 河本一郎, 「企業の社会的責任—法学的考察」, 『ジュリスト』 578号, 1975, 113쪽.

5· 손주찬, 「기업의 사회적 책임」, 『법학논문집』 제5권, 1978.10, 58쪽 이하.

6· 기업의 사회적 책임을 입법에 반영하는 것은 반대하면서 주주제안권, 사외이사제도, 경영보고서의 기재사항 법정화 등 개별 제도의 개선을 통해 기업의 사회적 책임을 실현하는 것이 바람직하다는 견해가 있다. 竹内昭夫, 앞의 책, 107쪽.

7· 西原寛一, 「今後の商法改正の諸問題について」, 『第二九回全国株懇連合会定時会員総会報告書』, 1974, 116쪽.

것을 요하는 취지의 규정을 두는 것이 바람직하다는 점[8] 등의 주장을 제기하고 있다.

(2) 대표적 입법례

일부 국가 및 지역에서는 기업의 사회적 책임을 입법에 반영시킬지 여부에 관한 논의의 단계를 벗어나, 기업의 사회적 책임에 관한 일반규정을 회사법 등 관련 법령에 둠으로써 기업이 사회적 책임을 질 것을 유도하고 있다. 대표적인 예로 미국과 인도를 들 수 있다.

미국은 1980년대 이후 적대적 M&A가 급증하였으며 그로 인한 피매수기업의 폐쇄 · 이전, 근로자의 대량 해고에 따른 지역사회의 쇠퇴 현상이 일어나자 적대적 M&A에 대한 방어적 수단을 강화하기 위하여 이해관계자제정법constituency statutes을 제정하였는데,[9] 그 대표적인 것이 펜실베니아주 제정법이다. 1983년에 채택된 펜실베니아주 제정법은 "이사회 · 이사회위원회 · 개개의 이사 및 임원은 각자 지위에 기한 업무를 집행하는 경우, 회사의 최선의 이익을 검토함에 있어서 회사의 근로자, 거래처 및 고객, 회사의 영업소 또는 기타 시설이 있는 지역사회에 대한 행위의 영향과 기타 관련된 모든 요인에 대한 행위의 영향을 고려하여야 한다"고 규정하였다.[10] 회사의 경영자가 의사결정과정에서 주주 외의 기타 이해관계자들의 이익을 고려하도록 요구하였으며, 이후 2000년까지 펜실

8· 田中誠二, 「株式会社の社会的責任についての商法上立法論的考察」, 『亜細亜法学』 제9권 제2호, 1975, 11쪽.

9· 畠田公明, 앞의 논문, 56쪽 이하.

10· 畠田公明, 앞의 논문, 56쪽.

베니아주를 비롯하여 뉴욕주 등 30개 주에서 채택되어 왔다.[11]

인도의 경우, 2013년 개정 회사법에서 기업의 사회적 책임을 의무화하였다. 동법 제135조에 의하면, 회계연도 순자산이 500크로르(약 원화 894억 원) 이상이거나 총매출 1000크로르(약 원화 1788억 원) 이상 또는 순이익이 5크로르(약 원화 8.94억 원) 이상인 회사는 기업의 사회적 책임 활동을 위해 이사회에 사회이사 1인을 포함한 3인 이상의 이사로 구성된 기업의 사회적 책임 위원회를 설치해야 한다. 위의 조건을 충족하는 회사는 순이익의 2%이상을 기업의 사회적 책임 활동에 지출해야 한다고 규정하였다.[12] 의무적으로 기업의 사회적 책임을 요구하는 필요성에 대해, 인도 기업부장관은 1956년 인도 회사법 이후 60년간 자발적인 기업의 사회적 책임의 개념 정립을 위해 노력하였으나 성공하지 못하였고, 이제 기업의 사회적 책임은 더 이상 자선 사회 활동으로만 인식되어서는 아니 되며, 보다 발전이 필요하다고 설명하였다.[13]

2. 중국 회사법 제5조의 규정

미국의 펜실베니아주 제정법은 이사의 의무와 관련하여 기업의 사회적 책임을 규정하였고, 인도의 2013년 개정 회사법은 기업의 사회적 책임에 대한 구체적 의무조항을 명시하고 있다. 그런데 중국의 경우 회사법 총칙 부분에 기업의 사회적 책임에 대한 일반규정을 두고 있다.

11· 구본경, 「기업의 사회적 책임에 대한 법적 연구」, 성균관대학교 석사학위논문, 2011, 37~38쪽.
12· 성승제, 앞의 연구보고서, 128쪽 이하.
13· 성승제, 앞의 연구보고서, 128쪽.

2005년 개정 회사법 제5조 제1항에서는 "회사는 경영활동을 함에 있어 반드시 법률과 행정법규를 준수하여야 하고, 사회 공공도덕과 상업도덕 및 신의성실의 원칙을 지켜야 하며, 정부와 사회공중의 감독을 받고 사회적 책임을 져야 한다"고 규정하였다. 법적 차원에서 명문의 규정으로 기업이 사회적 책임을 부담할 것을 요구한 것이다. 중국 학자들은 이에 대해 '중국 회사입법의 중대한 창조'[14], '중국 입법자의 세계 회사법에 대한 큰 공헌'[15]이라고 높이 평가하고 있다. 현행 회사법에서도 동 조문을 그대로 유지하고 있다.

II. 중국 회사법 제5조 제1항에 대한 해석

1. 법조문에 대한 문의적 해석

앞서 살펴본 바와 같이 기업의 사회적 책임의 정의에 대하여 아직 통일적인 견해가 없는 것이 현실이다. 현행 회사법 제5조 제1항의 규정을 살펴보더라도 기업의 사회적 책임에 대한 일반규정에 불과할 뿐 기업의 사회적 책임이 무엇인지에 대한 구체적인 설명은 없다. 국무원 법제판공실國務院法制辦公室의 차오캉타이曹康泰 주임은 기업의 사회적 책임과 관련하여 "회사는 점차 현대사회에서 주도적 역할을 하는 상사주체의 유형으로서, 회사의 운영은 주주, 근로

14· 樓建波, 「中国《公司法》第五条第一款的文义解释及其实施路径－兼论 '道德层面的企业社会责任' 的意义」, 『企业社会责任专论』, 北京大學出版社, 224쪽.

15· 劉俊海, 『新公司法的制度創新 : 立法爭點與解釋難點』, 法律出版社, 2006, 553쪽.

자 등 내부 이해관계자의 이익뿐만 아니라 시장질서와 사회공익에 대하여 중요한 영향을 미치고 있다. 회사 및 그 주주, 이사, 감사는 회사 경제이익의 극대화를 추구함과 동시에 일정한 사회적 책임을 부담하고 상응하는 법적 의무를 이행하여야 한다"[16] 고 하면서 기업의 사회적 책임의 입법 필요성에 대해서만 지적하였다.

중국 회사법상 기업의 사회적 책임에 관한 일반규정은 개괄적이고 추상적이어서 실무상의 적용에 어려움을 줄 수 있다. 따라서 기업의 사회적 책임의 일반규정에 대한 해석이 필요하다. 중국에서 법적 효력을 갖고 있는 유권해석들로는 입법해석, 행정해석과 사법해석이 있으며, 그 외에 법적 효력이 없는 학리적 해석學理解釋이 있다. 현재 중국 회사법상 기업의 사회적 책임에 대한 유권해석 또한 개괄적이고 추상적이라는 문제점을 안고 있다. 이러한 배경하에서 중국 회사법 제5조에 대한 학리적 해석은 기업의 사회적 책임을 이해하는 데 참고가 될 것이다.

현행 회사법 제5조 제1항의 규정을 놓고 볼 때, 조항의 마지막 부분에 '사회적 책임을 져야한다'고 규정하면서 그 앞에 '법률과 행정법규의 준수', '사회 공공도덕과 상업도덕 및 신의성실 원칙의 준수', '정부와 사회공중의 감독' 등 내용을 열거하고 있다. 이러한 내용들과 기업의 사회적 책임은 과연 어떤 관계인가라는 물음이 있을 수 있는데, 그들의 관계를 크게 다음과 같이 3가지로 생각해 볼 수 있다.[17]

첫째, 기업의 사회적 책임은 포괄적 내용으로서 '법률과 행정법

---

16 曹康泰, 「关于《中华人民共和国公司法（修订草案）的说明》」, 2005.2.25.

17 王天玉, 「宣言、原則抑或規範－《公司法》第5條解讀」, 『社會科學硏究』, 2012.1, 92쪽 참조.

규의 준수', '사회 공공도덕과 상업도덕 및 신의성실 원칙의 준수', '정부와 사회공중의 감독' 등 내용을 포함하되 이에 한정되지 않는다.

둘째, 기업의 사회적 책임은 위의 열거된 내용들과 동등한 관계에 있어, 회사가 법률과 행정법규를 준수하고, 사회공공도덕과 상업도덕 및 신의성실 원칙을 준수하며, 정부와 사회공중의 감독을 받는 것만으로 사회적 책임을 다했다고 볼 수 있다.

셋째, 기업의 사회적 책임은 위의 열거된 내용들과 병렬관계로서, '기업의 사회적 책임의 부담'은 '법률과 행정법규의 준수', '사회 공공도덕과 상업도덕 및 신의성실 원칙의 준수', '정부와 사회공중의 감독' 등과 함께 회사법이 회사에 요구하는 하나의 의무사항이다.

이에 관련하여 중국의 로우지안보樓建波 교수는 캐롤의 CSR 피라미드 이론에 기초하여 현행 회사법 제5조 제1항의 규정을 다음과 같이 해석하고 있다.[18] 회사는 경영활동을 함에 있어서 반드시 사회적 책임을 져야 한다. 우선 회사는 법적 책임으로서 '법률과 행정법규를 준수'하여야 하며, 다음으로 윤리적 책임으로서 '사회공공도덕과 상업도덕 및 신의성실의 원칙을 지켜야 하며 정부와 사회공중의 감독을 받아야' 한다.[19] 경제적 책임은 회사의 경영활동에 내포되어 있는 의미이다. 즉 회사의 본질은 주주이익의 극대화에 있기에 회사가 경영활동을 통하여 이윤을 창출하는 그 자체

18· 樓建波, 앞의 논문, 230쪽 참조.

19· 이에 대해 회사는 경영활동을 함에 있어서 '법률과 행정법규를 준수하는 것을 법적 책임으로, '사회 공공도덕과 상업도덕 및 신의성실의 원칙을 지키'는 것을 윤리적 책임으로, '정부와 사회공중의 감독을 받고 사회적 책임을 져야 하'는 것을 개괄적 내용으로 보는 견해도 있다. 趙旭東, 『新公司法條文解讀』, 人民法院出版社, 2005, 12~13쪽.

가 경제적 책임을 이행하는 것으로 풀이된다. 캐롤의 CSR 피라미드 이론의 4가지 구성요소 중 자선적 책임에 관한 내용이 언급되지 않았다. 그렇다고 하여 중국 회사가 공익기부 등 자선활동을 할 수 없다는 것은 아니다. 동법 동조 제1항의 마지막 문구인 '사회적 책임을 져야 한다'를 확대해석하여 자선적 책임까지 포함하는 개괄적 내용으로 볼 수 있다.

로우 교수의 견해를 살펴보면 기업의 사회적 책임을 포괄적 내용으로 보는 첫 번째 견해와 일치한다. 한편 현행 회사법 제5조 제1항에서는 기업의 사회적 책임의 4가지 구성요소를 모두 포함한다고 볼 수 있다. 법적 책임과 윤리적 책임은 법조문에 명시되어 있는 반면, 경제적 책임과 자선적 책임은 직접 언급되지는 않았지만 학리적 해석에 의해 해당 조문에 그 내용이 내포되어 있는 것으로 풀이해도 문제가 없어 보인다. 또한 마지막 문구인 '사회적 책임'은 개괄적인 내용인 바, 현행 회사법 제5조 제1항의 전문이 기업의 사회적 책임에 관한 규정이라고 보는 것이 더 합리적이라고 생각된다.

2. 법조문의 법적 효력에 대한 학설

현행 회사법 제5조는 기업의 사회적 책임에 대한 일반규정에 불과하여 그 내용에 대한 구체적인 규정이 없기 때문에 법조문에 대한 문언적 해석뿐만 아니라 그 법적 효력에 대한 해석에도 논란의 소지가 많이 있다. 그동안 동 조문이 도덕적 조문이나 법률적 원칙으로만 존재하는 건지 아니면 재판규범으로 될 수 있는지 여전히 불명확하고, 회사실무에서의 규제역할도 비효율적이라는 비판이 제기되었다.[20] 기업의 사회적 책임에 관한 일반규정의 법적 효력에 대한 판단은 실무적으로 기업의 사회적 책임을 어떻게 활용할 수 있는지와 직결된 문제이기에 중요한 이슈가 되고 있다. 아래에 현행 회사법 제5조 제1항의 성질에 대한 여러 학설을 살펴보고자 한다.

(1) 선언적 규정설

주츠윈朱慈蘊 교수는 그의 논문에서 현행 회사법 제5조에 대하여 "법조문 그 자체로 놓고 볼 때 해당 규정은 선언적 규정에 불과하지만 중국에서 성문법의 형식으로 기업의 사회적 책임을 마련하는 노력을 충분히 보여주고 있다"[21] 고 지적하면서, 현행 회사법 제5조를 선언적 규정으로 보고 있다. 이와 비슷한 견해[22] 로 현행 회사법 제5조는 강제성 규정이 아닌 선언적 규정이며, 이는 입법자의 기업의 사회적 책임에 대한 관심을 반영하고 또한 회사법 분칙分則의 규정, 판사와 변호사 등 실무, 주주와 기타 회사와 법적 관계가 있는 자들의 의사결정 등을 지도하는 데에 그 의의가 있다고 하였다.

선언적 규정설을 주장하는 학자들은 기타 국가 또는 조직의 규정들을 그 예로 들고 있다. 1937년에 제정된 독일 주식법 제70조에서는 주식회사의 이사는 기업과 그 근로자들의 복지 그리고 민족과 국가의 공동이익이 요구하는 바에 따라서 회사를 경영할 것

---

20 이홍욱 · 손영기, 「중국 기업의 사회적 책임에 관한 사회책임위원회제도의 도입 검토」, 『중국법연구』 제14집, 2010.12, 109쪽.

21 朱慈蘊, 「公司的社會責任 : 遊走于法律責任與道德規範之間」, 『企業社會責專論任』, 北京大學出版社, 2009, 145쪽.

22 胡曉靜, 「論公司社會責任 : 內涵、外延和實現機制」, 『法制與社會發展』, 2000, 75쪽.

을 요구하였다. 또한 1985년 영국 회사법 제309조에서도 이사는 주주이익뿐만 아니라 근로자들의 이익도 고려해야 한다고 규정하였다. 특히 미국법률협회에서 1984년 4월에 발간한 『회사지배의 원리: 분석과 권고Principles of Corporate Governance: Analysis and Recommendation』의 § 2.01[23] 에서는 회사의 목적과 행위에 관하여 규정하고 있다. 이에 의하면 회사는 영리 목적과 주주이익 외에도 윤리적인 고려를 할 수 있으며 공공복지사업, 자선 사업 등 진행할 수 있다고 규정하였다.

(2) 원칙적 규정설

원칙적 규정설에 의하면, 현행 회사법 제5조의 규정은 회사법의 기본원칙 중의 하나로서 회사의 구체적인 법적 의무를 확정할 수 없다는 것이다. 더 나아가 위 규정은 회사 입법준칙 중의 하나이자 회사의 행위준칙 중의 하나이기도 하며 판사가 재판하는 데 법적 근거를 제공하는 역할을 한다.[24]

현행 회사법에는 개괄적이고 원칙적인 규정들이 허다하다. 예를 들어 근로자보호에 관한 규정(제17조)[25], 법인격 부인에 관한 규정(제20조 제3항)[26], 이사 · 감사 · 고급관리인원의 충실 · 근면 의무에

---

23 Principles of Corporate Governance : Analysis and Recommendation § 2.01, (a)회사는 회사의 영리와 주주이익의 증대를 영업행위의 목적으로 하여야 한다. (b)회사의 영리와 주주이익의 증대 여부와 관계없이 영업을 진행할 때 ①자연인처럼 법이 정하는 한계 내에서 활동하여야 하고, ②책임을 질 수 있는 영업활동에 적합하다고 합리적으로 판단되는 윤리적인 고려를 할 수 있으며, ③공공복지사업 · 인도적 사업 · 교육사업 · 자선사업을 위하여 합리적인 규모의 자원을 사용할 수 있다.

24 胡田野, 「論我國公司社會責任的制度完善－兼論對歐盟國家公司社會責任實踐的借鑒」, 『政法論壇』, 2008, 49~50쪽 참조.

25 현행 회사법 제17조 제1항, "회사는 근로자의 합법적 권익을 보호하고 법에 따라 근로자과 노동계약을 체결하고 사회보험에 가입하며 노동보호를 강화하고 안전생산을 실시하여야 한다."

관한 규정(제147조 제1항)[27] 등이 그러하다.

(3) 규범적 규정설

규범적 규정설은 현행 회사법 제5조의 규정은 규범적 속성이 있으며 행위규범인 동시에 재판규범이기도 하다고 주장하고 있다. 우선 해당 조항은 행위규범으로서 회사의 행위에 대하여 일정한 요구를 가하고 있는 바, 회사는 경영하는 과정에서 해당 조항의 요구에 따라 경영에 관한 의사결정을 내려야 하며, 또한 주주, 이사의 행위도 해당 조항의 영향을 받게 된다. 다음으로 해당 조항은 탄력적 조항, 일반규정으로서 법적 원칙의 기능이 있으며 법원 또는 판사에게 일정한 재량권을 부여하고 재판의 기준이 된다는 것이다.[28]

Ⅲ. 재판 근거로서의 회사법 제5조 제1항

1. 재판 근거의 가능성 여부

앞서 현행 회사법 제5조 제1항에 관한 규정의 성질을 살펴보았다. 그에 대한 학자들의 해석은 대체로 선언적 규정설, 원칙적 규

26· 현행 회사법 제20조 제3항, "회사의 주주가 회사 법인의 독립적 지위와 주주의 유한책임을 남용하여 채무를 도피하고 회사 채권자의 이익을 엄중하게 해할 경우 회사의 채무에 대한 연대책임을 져야 한다."

27· 현행 회사법 제147조 제1항, "이사 · 감사 · 고급관리인원은 법률 · 행정법규 및 회사 정관을 준수하고 회사에 대하여 충실의무와 근면의무를 진다."

28· 蔣大興, 「公司社會責任如何成為 '有牙的老虎' —董事會社會責任委員會之設計」, 『清華法學』 2009年 第4期, 24쪽.

정설과 규범적 규정설로 나눠볼 수 있다. 선언적 규정설은 기업의 사회적 책임에 관한 회사법의 일반규정인 현행 회사법 제5조의 규정을 재판의 근거로 삼을 수 있는지 여부에 관하여 부정적인 견해를 취한다. 반면 원칙적 규정설과 규범적 규정설은 긍정적으로 받아들인다는 면에서 견해의 일치를 보이고 있다.

관련 연구논문을 살펴보면 일각에서는 현행 회사법 제5조에서 규정한 기업의 사회적 책임은 법률원칙의 기능을 갖고 있는 일반규정으로서 판사의 자유재량권에 의해 기업의 사회적 책임과 관련된 개별 사안에서 재판의 기능을 할 수 있다고 주장한다.[29] 그러나 한편으로 일부 학자와 법원에서는 중국 회사법상 기업의 사회적 책임에 관한 일반규정이 재판 근거로 될 수 없거나 재판 근거가 되기 어렵다고 판단하고 있다.[30] 그 이유[31]를 살펴보면 대체로 다음과 같다.

첫째, 중국의 사법 실무상 원칙적 규정을 재판 근거로 하는 경우가 극히 드물다. 과거에 법원에서 원칙적 규정을 재판 근거로 한 이유는 당시의 법률체계가 불건전하여 불공평을 수정할 수 있는 입법이 완비되어 있지 않았기에 신의성실 등 원칙적인 규정을 인용할 수밖에 없었던 것이다. 그러나 현재 중국에서는 원칙적 규정을 재판 근거로 인용하는 사례가 극히 드물다. 그 이유로는 예전에 비해 비교적 완전한 법률체계가 형성되어 있으며, 한편으로는

29· 蔣大興, 「虛構的裁判幻象?－檢驗公司社會責任的可裁判性」, 『公司社會責任專論』, 北京大學出版社, 2009, 310쪽.

30· 이는 필자가 기업의 사회적 책임에 관한 규정을 재판 근거 규정으로 삼을 수 있는지 여부에 관하여 일부 판사들과 교류를 하는 과정에서 받은 느낌이라고 한다. 蔣大興, 앞의 논문, 300쪽.

31· 王天玉, 앞의 논문, 93~94쪽 참조.

판사들이 원칙적 규정에 따라 판결을 내릴 경우 그 원칙적 규정에 대하여 해석할 필요가 있는데, 과중한 업무 부담을 갖고 있는 판사들로서는 원칙적 규정을 판결 근거로 인용하는 것을 꺼린다는 것이다. 기업의 사회적 책임에 관한 현행 회사법의 제5조 제1항 규정도 그 내용이 명확하지 않아 법원이 이러한 원칙적인 규정에 근거하여 재판할 가능성이 적다는 것이다.

둘째, 판사의 자유재량권이 커서 회사의 자치自治를 해할 수 있다. 아직 기업의 사회적 책임의 개념에 대하여 일치한 견해가 이루지 못하고 있는 상황에서 그 내용이 명확하지 않은 기업의 사회적 책임 조항을 재판 근거로 사용된다면 법원의 자유재량권이 확대되기 마련이다. 이는 공권력이 회사 내부의 의사결정에 대하여 부당하게 간섭할 수 있으며 회사의 자치를 저해하거나 약화시킬 수 있다.

셋째, 중국 판사들의 상업적 판단능력이 부족한 상태라고 볼 수 있다. 회사 경영자의 상업적 판단 또는 의사결정이 옳은지 여부를 판단하려면 기본적으로 그 당시의 복잡하고 다양한 경영환경을 충분히 고려하여야 한다. 그러나 대부분의 판사들은 현실적으로 회사 경영에 관한 실무경험을 쌓기 어려운 상태이므로, 경영판단의 원칙이나 기업의 사회적 책임 등과 관련된 안건에 대하여 정확한 판단을 내리기가 쉽지 않다.

따라서 부정하는 의견은 현행 회사법 제5조의 규정이 법리적이든 실무적이든 법원에서 회사 관련 소송을 진행할 재 직접 인용될 수 있는 법적 근거로 사용되기에는 어려움이 있다고 역설하고 있다.

2. 사법구제 곤란의 해결책

기업의 사회적 책임에 관한 일반규정의 재판 근거 가능성에 대해 부정적인 견해를 종합해 보면, 기업의 사회적 책임에 관한 일반규정을 재판 근거로 삼을 경우, 판사의 넓은 자유재량권이 기업의 자치를 해할 수 있다는 것에 대해 우려를 보여주고 있다. 이와 동시에 대체로 규정의 모호성과 판사의 경영판단에 대한 능력 한계로 인해 기업의 사회적 책임에 관한 일반규정을 실무상으로 활용하기에 어려움이 있다고 판단하고 있다.

기업의 사회적 책임이 법제화된 것은 기업의 사회적 책임 면에서 이룬 커다란 성과이기는 하다. 그렇지만 기업의 사회적 책임 관련 규정이 실무적으로 활용되지 않는다면 그 의미는 크게 퇴색될 수밖에 없다. 또한 기업의 사회적 책임 관련 규정이 제대로 활용되는지 여부는 기업의 이해관계자가 합법적인 권익을 침해받았을 때 기업의 사회적 책임 관련 규정을 근거로 하여 사법구제를 받을 수 있는지 여부와도 직결되는 문제이다. 앞서 현행 회사법 제5조 규정의 법적 효력을 판단하고자 하는 주목적도 과연 기업의 사회적 책임에 관한 일반규정을 재판의 근거로 삼을 수 있는지 여부를 판단하기 위함이다.

중국 법원의 판결문에서 종종 '사회적 책임', '기업의 사회적 책임'이라는 문구가 보이고 있지만, 2005년 회사법 개정을 통하여 기업의 사회적 책임에 관한 일반규정이 마련된 이래 그 조항을 인용하여 내린 판결은 찾아보기 힘들다.[32] 그만큼 실무상 현행

32· 중국의 최대 법률 데이터베이스(DB) 사이트인 北大法寶(www.pkulaw.cn)에서 '사회적 책

회사법 제5조 제1항에 근거하여 판결을 내리기에는 어려움이 있다는 것을 설명해주고 있다. 이에 대해 일부 학자들은 다음과 같은 해결방법[33]을 제시하고 있다.

첫째, 기업의 사회적 책임의 일반조항은 국내법의 강제성 조항, 국제법의 강제성 규칙 및 업계 기준, 정부 또는 협회의 지침 등을 통하여 그 내용을 구체화할 수 있다.

국내법의 강제성 조항 면에서는 기업의 이해관계자와 관련된 법령을 들 수 있다. 예를 들어 기업의 근로자에 대한 사회적 책임은 노동법 등 근로관련법으로, 소비자에 대한 책임은 소비자권익보호법 등 소비자관련법에 의해 그 내용을 구체화할 수 있다.

국제법의 강제성 규칙 및 업계 기준으로는 2007년 7월에 출범된 『유엔 글로벌콤팩트UN Global Compact』, 국제표준화기구ISO에서 2010년에 발표한 기업의 사회적 책임에 대한 국제표준인 ISO26000 등을 참고할 수 있다. 예를 들어 『유엔 글로벌콤팩트』는 기업의 사회적 책임에 대한 자발적 국제협약으로서 인권 · 노동 · 환경과 반부패 분야의 10대원칙[34]을 규정하고 있다. 이 기준은 관련 분야의 기업의 사회적 책임을 확인하는 데 있어서 중요한 참고자료가 될

임(社會責任)', '기업의 사회적 책임(企業社會責任)', '회사법 제5조(公司法第五條)' 등을 키워드로 검색한 결과 현행 회사법 제5조를 인용하여 판결을 내린 판례를 찾아볼 수 없었다.

33· 蔣大興, 앞의 논문, 319~320쪽 참조; 罗培新, 「试析我国公司社会责任的司法裁判困境及若干解决思路」, 『公司社會責任專論』, 319~320쪽 참조.

34· 인권과 관련하여, ①기업은 국제적으로 선언된 인권보호를 지지하고 존중해야 하며, ②기업은 인권 침해에 연루되지 않도록 적극 노력한다. 노동규칙과 관련하여, ①기업은 결사의 자유와 단체교섭권의 실질적인 인정을 지지하고, ②모든 형태의 강제노동을 배제하며, ③아동노동을 효율적으로 철폐하고, ④고용 및 업무에서 차별을 철폐한다. 환경과 관련하여, ①기업은 환경문제에 대한 예방적 접근을 지지하고, ②환경적 책임을 증진하는 조치를 수행하며, ③환경친화적 기술의 개발과 확산을 촉진한다. 반부패와 관련하여, 기업은 부당취득 및 뇌물 등을 포함하는 모든 형태의 부패에 반대한다. 유엔 글로벌콤팩트 한국협회(http://www.unglobalcompact.kr)

수 있다.

이와 더불어 정부 또는 관련 협회에서 발표한 기업의 사회적 책임에 관한 지침을 참고할 수 있다. 중국은행업협회에서는 2009년 1월에 『중국 은행업 금융기구의 기업의 사회적 책임 지침中國銀行業金融機構企業社會責任指引』을, 상무부에서는 2012년 9월에 『대외도급공정업 사회적 책임 지침對外承包工程行業社會責任指引』을, 국가공상행정관리총국에서는 선후하여 『직매기업의 사회적 책임이행 지침直銷企業履行社會責任指引』과 『인터넷 거래상의 사회적 책임이행 지침网络交易平台经营者履行社會責任指引』[35]을 발표하여 관련 업계에서 이행해야 할 사회적 책임에 대하여 보다 구체적으로 규정하고 있다.

둘째, 최고인민법원의 『중국재판사례집中國審判案例要覽』[36]을 활용하여 재판의 기준을 확립할 수 있다. 기업의 사회적 책임의 내용이 광범위하여 법원마다 판사마다 그에 대한 이해가 차이가 있을 수 있다. 하여 최고인민법원에서는 『중국재판사례집』에 기업의 사회적 책임과 관련된 전형적인 판례를 수록하여 하급 법원이 기업의 사회적 책임 관련 사안을 재판할 때 참고할 수 있다.

셋째, 기업의 사회적 책임에 관한 전문 법령을 제정하여 기업이 사회적 책임을 구체화하는 방법도 생각해 볼 수 있다. 기업의 사회적 책임과 관련된 법령들이 즐비하지만 대부분 기업의 사회적 책임을 염두에 두고 제정한 것이 아니어서 기업의 사회적 책임을 규율하기에는 한계가 있다. 그러나 중국 입법자들은 기업의 사회

35· 『직매기업의 사회적 책임이행 지침』과 『인터넷 거래상의 사회적 책임이행 지침』은 각각 2013년 10월 22일, 2014년 5월 28일에 공포되었다.

36· 『중국재판사례집』은 중국최고인민법원의 고급판사양성센터(高級法官培訓中心)와 중국인민대학교 법과대학에서 공동 편찬하며, 전국의 각급 법원에서 심결된 사례에서 대표사례들을 수록하여 형사·민사·상사·행정 등 4권으로 분류되어 출간된다.

적 책임에 관한 전문적인 법령을 제정하는 것보다 기존의 기업의 사회적 책임 관련 법령에 의해 기업의 사회적 책임을 규율하고자 하는 경향이 있어 이 방법은 다소 어려워 보인다.[37]

제2절
기업의 사회적 책임과 이사의 의무간의 조화

기업의 사회적 책임이란 문제는 애당초 법률문제라기보다는 기업경영의 문제, 환언하면 기업의 경영을 담당하는 사람들의 정신적 자세에 관한 문제로서, 이들이 어떻게 하면 기업으로 하여금 국가 사회에 기여케 할 수 있는가 하는 경영의 자세와 방법의 문제라고 할 수 있다.[38] 이사는 회사의 의사를 결정하는 등 경영행위를 행하는 주체로서 기업의 사회적 책임을 논할 때 이사의 역할을 빼놓을 수 없으며 이와 관련하여 주로 이사의 의무와 책임이 논의되고 있다.

이사의 사회적 책임에 앞서 이사의 의무가 무엇인지에 대하여 살펴볼 필요가 있다. 앞서 사회적 책임이라고 말할 때의 '책임'은 중국법상 의무에 가까운 개념이라고 하였다. 따라서 이사의 사회적 책임을 논할 때 이사의 의무가 무엇인가 하는 문제가 제기되므로 아래에서 이에 대해 살펴보고자 한다.

37· 2013년 10월 21일 제12기 전국인민대표대회 제1차 회의에서 『기업의 사회적 책임 촉진법』을 제정하자는 의안이 2건 상정되었다. 그러나 의안 심사 결과 의안에서 제기된 주요문제는 노동계약법, 안전생산법, 환경보호법, 소비자권익보호법 등 기존 법령에 관련 규정이 있으므로 관련 법령을 통하여 기업이 사회적 책임을 더 잘 이행하도록 해야 한다는 지적을 받았다.

38· 김진봉, 「기업의 사회적 책임과 이사회의 구성」, 『법학논고』 제14집, 1982.4, 108~109쪽.

Ⅰ. 이사의 의무: 신인의무의 대상과 내용을 중심으로

1. 이사 신인의무의 대상과 내용

기업의 사회적 책임과 관련하여 이사의 책임이 문제가 되는 것은 기업의 사회적 책임을 이행하기 위하여 회사의 경영자 역할을 하는 이사가 공익적 의사결정을 내릴 경우 이를 이사의 신인의무 위반으로 볼 수 있는가 하는 문제이다. 이를 해결하기 위해서는 우선 이사는 누구에게 신인의무를 지는가의 문제를 확정하여야 한다.

이사의 신인의무라는 개념은 영미법에서 기원된 것으로 이사가 회사의 업무를 수행하는 과정에서 회사와 맺은 관계를 신뢰관계가 있는 것으로 보는 것이다. 이 경우 이사가 회사에 대하여 가지는 의무를 신인의무라고 한다. 미국의 회사법학계에서는 신인의무에 충실의무duty of loyalty와 주의의무duty of care를 포함시키는 것이 일반적이다.[39] 미국 회사법에 따르면, 주의의무란 이사가 성실하게 동일한 지위에 있는 통상의 신중한 자가 유사한 상황에서 행사하는 것과 같은 주의를 가지고 회사의 최선의 이익을 위한 것이라고 합리적으로 믿는 방법에 의하여 자신의 임무를 수행해야 할 의무를 가리키는 것이다. 충실의무는 이사가 자신의 이익과 회사의 이익이 충돌하는 경우에 회사의 이익을 우선하여야 할 의무를 말한다.[40]

39· 김건식, 『회사법연구 I 』, 소화, 2010, 57쪽 참조.
40· 임재연, 『미국기업법』, 박영사, 2009, 447~450쪽.

이사가 누구에 대하여 신인의무를 부담하는가 하는 것은 이사의 의무를 논할 때 자주 제기되는 문제이다. 전통적인 영국 및 미국 회사법의 입장에 따르면 이사는 법인으로서의 '회사'에 대해서만 신인의무를 부담한다.[41] 학설상으로는 신인의무 부담 대상에 대하여 회사는 주주만으로 구성된다고 보는 견해가 있는 반면, 이사의 신인의무는 채권자, 근로자, 고객, 지역사회 등을 포함하는 광범위한 구성원에 대하여 직접적 또는 간접적으로 부담하는 것이라는 주장도 있다.[42]

중국 현행법상의 규정을 놓고 볼 때 이사가 주주 또는 기타 이해관계자에 대하여 신인의무를 부담한다고 보기에는 어려움이 있다. 중국 현행 회사법 제147조 제1항[43]에서는 이사가 회사에 대하여 충실의무와 근면의무[44]를 진다고 규정하였다. 등법 제148조 제1항[45]에서는 이사의 충실의무와 근면의무에 대하여 구체적으로 열거하고 있다. 위 규정에서 이사가 주주 또는 기타 이해관계자에

---

41. 김은정, 「이사의 신인의무와 경영판단의 원칙에 관한 연구 : 미국 판례와 법제를 중심으로」, 성균관대학교 박사학위논문, 2011, 35쪽.

42. 김은정, 앞의 학위논문, 2011, 37쪽.

43. 현행 회사법 제147조 제1항, "이사 · 감사 · 고급관리인원은 법률 · 행정법규와 회사 정관을 준수하여야 하며 회사에 대하여 충실의무와 근면의무를 진다."

44. 중국 회사법상 근면의무(勤勉義務)는 이 책에서 주의의무를 의미한다.

45. 현행 회사법 제148조 제1항, "이사 · 고급관리자는 아래의 행위를 행할 수 없다.
    1. 회사 자금을 남용하는 행위
    2. 화사 자금을 그의 명의 또는 기타 개인의 명의로 예금통장을 개설하는 행위
    3. 회사 정관의 규정을 위반하여 주주회의, 주주총회 또는 이사회의 동의 없이 회사 자금을 타인에게 대출하거나 또는 회사 재산을 타인에게 담보 목적물로 제공하는 행위
    4. 회사 정관의 규정을 위반하여 주주회의, 주주총회의 동의 없이 해당 회사와 계약을 맺거나 거래를 진행하는 행위
    5. 주주회의 또는 주주총회의 동의 없이 직무상 편의를 이용하여 자기 또는 타인을 위해 회사의 상업기회를 이용하거나, 재직 중인 회사와 동종의 업무를 자영 또는 타인을 위하여 영업하는 행위
    6. 타인과 회사와의 거래에서 수수료를 받아 사취하는 행위
    7. 자의적으로 회사 비밀을 누설하는 행위
    8. 회사에 대한 충실 의무를 위반하는 기타 행위"

게도 신인의무를 부담하고 있는지에 대해서는 그 내용을 찾아보기 어렵다. 따라서 중국법상 이사가 신인의무를 부담하는 대상이 회사라고 볼 수 있다.

한편 한국 현행 상법에서는 이사가 회사와 주주 중 누구에 대하여 의무를 부담하는가 하는 물음에 대하여, 이사가 위임관계에 있는 상대방은 개별 주주가 아니라 회사이므로 이사는 오직 회사에 대하여만 의무를 부담한다는 것이 통설이라고 보고 있다. 한국 상법 제399조[46]의 책임을 추궁하는 대표소송의 구조도 이러한 설명에 부합한다고 한다.[47]

따라서 중국 현행 회사법과 한국 현행 상법에서는 신인의무의 대상이 회사라는 점에서 일치성을 보이고 있다. 따라서 회사이익에 해를 끼치지 않은 이상 이사가 공익적 의사결정은 신인의무 위반으로 볼 수 없다.

2. 회사 이익의 의미

이사가 의무를 부담하는 상대방이 회사라고 하더라도 그 회사의 실체가 주주이익의 집합체인지에 대하여 오랜 논쟁이 있다.[48] 즉, 회사의 이익을 주주이익의 집합체로 볼 것인지 아니면 주주이익 외의 기타 이해관계자의 이익을 포괄하는 것으로 볼 것인지

46· 현행 회사법 399조, "①이사가 고의 또는 과실로 법령 또는 정관에 위반한 행위를 하거나 그 임무를 게을리한 경우에는 그 이사는 회사에 대하여 연대하여 손해를 배상할 책임이 있다. ②전항의 행위가 이사회의 결의에 의한 것인 때에는 그 결의에 찬성한 이사도 전항의 책임이 있다. ③전항의 결의에 참가한 이사로서 이의를 한 기재가 의사록에 없는 자는 그 결의에 찬성한 것으로 추정한다."

47· 송옥렬, 『상법강의(제2판)』, 2012, 997쪽.

48· 송옥렬, 앞의 책, 997쪽.

문제가 되는 것이다.

전통적인 회사모델을 고수하고 있는 미국과 한국에서는 회사이익과 주주이익이 동일시되고 있다. 자본주의사회의 전통적인 회사모델에 따르면 회사의 주인은 두말할 것도 없이 주주이고 경영자는 이 같은 주주의 이익을 극대화하기 위하여 노력하는 것이 원칙이다.[49] 이와 같은 맥락에서 기타 이해관계자들의 이익을 고려하는 기업의 사회적 책임 활동은 주주이익의 극대화를 위해 존속하는 회사의 본질에 반한다는 것이 기업의 사회적 책임을 부정하는 근거 중의 하나이다.

한편 미국에서의 기업의 사회적 책임론을 살펴보더라도, 회사는 주주의 이익을 위한 단체라는 전통적인 회사관을 기본적으로는 유지하면서 적당한 한도에서 회사의 사회적 활동을 허용하자는 것이다.[50] 그 예로 원래 미국에서는 회사의 자선활동도 주주이익극대화 원칙에 반하는 것으로 허용되지 않았지만, 법원은 차츰 '주주이익'을 넓게 해석하는 방법으로 그 같은 활동을 합법화해 왔다.[51] 기업의 사회적 책임을 주장하는 견해 중에서 기업의 사회적 책임이 단기적으로는 주주이익에 손해가 될 수 있으나 장기적으로 놓고 볼 때 주주이익에 도움이 된다고 하는 것도 역시 주주중심주의에 중심을 두고 있다.

그러나 중국의 경우에는 미국, 한국과 달리 조금 다른 의미로 기업의 사회적 책임을 받아들이고 있다. 기업의 사회적 책임의 이론적 근거로 되고 있는 이해관계자 이론에 따르면 회사는 자본의

---

49 김건식, 앞의 책, 36쪽.

50 김건식, 앞의 책, 38쪽.

51 김건식, 앞의 책, 38쪽 이하.

제공자(주주), 용역의 제공자(고급관리인원, 근로자) 및 기타 이해관계자 간에 구성된 '계약의 집합체nexus of contracts'다. 따라서 각 이해관계자는 회사에 각 요소를 투입하여 개별 주체로서는 얻을 수 없는 합작 효익을 얻으며, 회사는 각 요소의 결합과 이해관계자 이익을 연결하는 관계에 있다.[52] 이에 근거하여 회사이익은 주주이익과 사회공익 등 개념과 구분되는 별개의 개념이며, 본질적으로 주주이익과 기타 이해관계자 이익의 결합체라고 본다.[53]

중국 현행 회사법의 규정을 놓고 보더라도 회사를 주주만의 것으로 보기는 어렵다. 그 예로 중국은 노동법, 노동계약법 등 근로관련법 외에도 회사법에도 근로자의 이익을 보호하는 규정을 두고 있다. 예를 들어 회사의 이사회에 근로자대표[54]를 참가시키는 공동의사결정제도를 도입하였는데, 2개 이상의 국유기업 또는 2개 이상의 기타 국유투자주체가 투자 설립한 유한책임회사의 이사회에는 의무적으로 근로자대표를 두어야 한다(현행 회사법 제44조). 이는 근로자를 단순히 기업의 외생적인 생산요소로 볼 것이 아니라 그 불가결의 구성부분으로 보아야 한다는 인식에서 출발한다.[55]

중국에서의 기업의 사회적 책임은 오랜 이론 연구를 기초로 하여 수용된 것이 아니다. 또한 정책 수립과 입법 활동을 통해 유도되는 정부 주도의 강한 특징을 띠고 있다. 앞서 살펴본 바와 같이 중국 정부는 기업의 사회적 책임을 지속가능한 발전을 실현하는

52· 李建偉 · 吳永剛, 「論公司社會責任的內涵界定與實現機制建構－以董事的信義義務為視角」, 『2009中國商法年刊 : 商法視野中的社會責任』, 知識產權出版社, 2010, 162쪽.

53· 李建偉, 「論公司社會責任的內涵界定與實現機制建構－以董事的信義義務為視角」, 『清華法學』 第四卷第二期, 2010, 120쪽.

54· 근로자대표이사는 근로자대표대회 · 근로자대회 또는 기타 민주적인 선거에 의해 선출된다(현행 회사법 제44조, 제108조).

55· 김건식, 앞의 책, 40쪽.

하나의 수단으로 이해하고 있다. 따라서 지속가능한 발전의 관점에 입각하여 회사는 주주의 단기 이익 내지는 장기 이익에 다소 손해가 되더라도 일정한 범위 내에서 주주 외의 기타 이해관계자들의 이익까지 고려해야 한다는 것이다. 이와 비슷한 견해로, 이사의 의무는 주주만이 아니라 회사의 이해관계자의 이익을 포괄하는 회사의 이익을 위하여 최선을 다하여야 할 충실의무와 주의의무로 이해해야 한다는 주장이 있다.[56]

Ⅱ. 사회적 책임에 따른 이사의 의무와 책임

1. 이사의 사회적 책임

이사가 기업경영에서 의사결정을 함에 있어서 주주이익뿐만 아니라 기타 이해관계자의 이익까지 고려해야 한다는 것이 이사의 사회적 책임이다. 기업 활동은 전적으로 경영자의 판단에 의해 결정되므로 이사는 기업 경영활동의 주요 집행자로서 기업의 사회적 책임이행에서 사뭇 중요한 역할을 담당한다. 이사의 사회적 책임은 이사가 회사의 경영자로서 부담하는 것인 만큼, 이사가 이행해야 할 사회적 책임의 내용은 기업이 부담하는 사회적 책임과 내용상 동일하다. 즉 기업의 이윤 창출을 도모하는 '경제적 책임', 법령의 테두리 안에서 합법적으로 기업을 경영하는 '법적 책임', 사회

56· 안택식, 「기업의 사회적 책임론과 회사법의 변화」, 『재산법연구』 제28권 제3호, 2011.11, 401쪽.

에서 요구되는 윤리 준칙과 도덕규범에 따른 '윤리적 책임', 사회 공익을 목표로 하여 기업의 재산을 사회에 환원하는 '자선적 책임' 등이 그 내용이다.

사회적 책임에 의해 전통적인 이사의 의무와 책임이 변화되고 있다. 기업의 본질이 주주이익의 극대화에만 있다는 기존의 논리 하에 이사는 주주이익만 추구하는 것이 이사의 본연의 의무였다. 그러나 사회적 책임론이 제기됨에 따라 회사의 이익에 주주 외의 기타 이해관계자의 이익까지 포함된다고 이해되고 있으므로 이사는 기타 이해관계자의 이익을 더 이상 간과할 수 없게 되었다. 아래에서는 사회적 책임에 따른 이사의 의무와 책임의 변화에 대해 살펴보도록 한다.

2. 사회적 책임을 근거로 한 면책

기업의 사회적 책임은 이사가 회사를 경영함에 있어서 부담해야 하는 의무인 동시에 한편으로 책임을 면제받을 수 있는 하나의 권리이기도 하다. 이러한 의미에서 기업의 사회적 책임은 이사에게 '자유재량권'을 부여한 셈이다.[57] 이사 책임의 면제와 관련하여 미국에서 사법기준의 하나로 사용되고 있는 '경영판단의 원칙'을 살펴보지 않을 수 없다.

경영판단의 원칙이란, 이사가 회사에 대하여 손해를 발생케 하였다고 하더라도 그가 경영판단의 원칙에 따라 경영을 하였다면

57· 비슷한 견해로, 劉連熠, 『公司治理與公司社會責任(2001年版)』, 中國政法大學出版社, 2001, 167쪽.

이사는 그 책임을 면해주는 것을 말한다.[58] "회사의 목적범위 내이고 이사의 권한 내인 사항에 관해 이사가 내린 의사결정이 그같이 할 합리적인 근거가 있고, 회사의 이익을 위한 것이라는 믿음하에 어떤 다른 고려에 의한 영향을 받지 아니한 채 독립적인 판단을 통해 성실히 이루어진 것이라면 법원은 이에 개입하여 그 판단에 따른 거래를 무효하거나 그로 인한 회사의 손해에 관해 이사의 책임을 묻지 아니한다"[59]는 것이 미국법상에서 규정된 내용이다. 경영판단의 원칙은 이사에게 일종의 상업적 '판단 자유'를 유보시켰는데,[60] 이러한 판단 자유는 이사가 회사의 이익을 위하여 충분한 정보를 바탕으로 합리적이고 선량하게 의사결정을 내리는 것을 전제로 하고 있다.

중국 현행 회사법상에는 경영판단의 원칙에 관한 규정이 없으며 이사의 책임과 관련된 사례에서도 동 원칙의 적용을 적용한 판례를 찾아보기 어렵다. 하지만 기업의 사회적 책임에 관한 중국 현행 회사법의 관련 규정을 보다 실효적으로 활용하기 위하여 이사의 책임 면제도 중요한 내용이 될 수밖에 없다. 따라서 중국 법원에서도 기업의 사회적 책임과 관련하여 이사의 책임을 묻는 사안에 대하여 경영판단의 원칙을 적극적으로 도입하는 것을 검토해볼 필요가 있다.[61] 기타 이해관계자의 이익을 위한 이사의 의사결

58· 고재중, 「기업의 사회적 책임 경영과 이사의 책임에 대한 고찰」, 『경원대학교 법학연구』 제3권 제2호, 2010.8, 201쪽.

59· Henn & Alexander, p.661; Knepper, op.cit., p.20; 이철송, 『회사법강의』(개정상법), 박영사, 2012, 751쪽 재인용.

60· 李建偉 · 吳永剛, 「論公司社會責任的內涵界定與實現機制建構－以董事的信義義務為視角」, 『2009中國商法年刊 : 商法視野中的社會責任』, 知識產權出版社, 2010, 164쪽.

61· 한국에서도 경영판단의 원칙을 적극적으로 도입해야 한다는 논의가 계속적으로 진행되고 있다. 구체적인 내용은 고재중, 앞의 논문, 201쪽 참조.

정이 주주이익의 극대화에 영향을 미치더라도, 이사의 사회적 책임의 이행이 합리적 근거에 의한 것으로 판단된다면 경영판단의 원칙에 따라 회사에 대한 이사의 책임을 면제시키는 것을 생각해 볼 수 있다.

3. 사회적 책임에 따른 이사의 의무와 책임의 확대

회사의 이익을 주주이익을 포함한 여러 이해관계자 이익의 결합체로 이해한다면, 이사가 신인의무를 부담하는 대상이 회사라고 하더라도 기업을 경영함에 있어서 이사는 주주뿐만 아니라 기타 이해관계자의 이익까지 고려해야 한다.

주주이익의 보호와 관련하여 중국 현행 회사법 제151조[62]에서는 이사가 주주에게 손해를 입힐 경우에 그 책임을 추궁할 수 있는 대표소송을 규정하고 있다. 이와 같은 보호 장치를 마련한 이유는 주주가 자신의 이익을 보장받을 수 있도록 하기 위한 것이다. 따라서 이사는 의사결정을 할 때 주주이익을 고려할 의무가 있으며, 이를 어길 경우 법적 리스크가 존재하므로 이사는 주주이익에 손해를 입히지 않도록 유의해야 한다.

그렇다면 이사는 주주 외의 기타 이해관계자에 대하여 어떤 의무를 지는가? 미국 펜실베니아주 제정법에서는 "이사회 · 이사회 위원회 · 개개의 이사 및 임원은 각자 지위에 기한 업무를 집행하는 경우, 회사의 최선의 이익을 검토함에 있어서 회사의 근로자,

---

62· 현행 회사법 제151조, "이사 · 고급관리인원이 법률 · 행정법규 또는 회사 정관의 규정을 위반하여 주주의 이익에 손해를 끼친 경우, 주주는 인민법원에 소를 제기할 수 있다."

거래처 및 고객, 회사의 영업소 또는 기타 시설이 있는 지역사회에 대한 행위의 영향과 기타 관련된 모든 요인에 대한 행위의 영향을 고려하여야 한다"고 규정하였다. 이에 따르면 이사들에게는 기타 이해관계자들의 이익까지 고려할 것을 요구하고 있다.

그러나 중국 현행 회사법상에서는 기타 이해관계자에 대한 이사의 신인의무라든지 기타 이해관계자에게 손해를 입혔을 경우에 따른 이사의 책임 등에 관한 구체적인 규정이 아직 마련되어 있지 않다. 기업이 사회적 책임을 부담해야 한다는 일반규정이 중국 회사법에 마련된 이상, 법적 해석에 의해 이사의 의무와 책임의 범위를 기타 이해관계자까지 확대할 수도 있다. 그러나 이사의 사회적 책임이 보다 더 잘 수행되기 위해서는 구제적인 규정을 마련할 필요가 있다.

우선 이사의 신인의무에 관하여 미국 펜실베니아주 제정법과 비슷한 규정을 두는 것을 생각해 볼 수 있다. 중국 현행 회사법 제147조에 이해관계자에 관한 내용을 추가하여, "이사 · 감사 · 고급관리인원은 법률 · 행정법규와 회사 정관을 준수하고 회사에 대하여 충실의무와 근면의무를 지며, 업무를 집행함에 있어서 주주 · 채권자 · 근로자 · 소비자 등 이해관계자의 이익을 고려하여야 한다"라는 조항을 마련할 수 있다.

다음으로 이사의 책임에 관하여 제3자에 대한 배상책임을 도입할 수 있다. 중국 현행 회사법에서는 이사의 회사 또는 주주에 대한 배상책임에 관해서만 규정하고 있으며 제3자에 대한 책임은 민법상의 불법행위 규정에 의거하여야 한다. 한국 상법 제401조 제1항에 의하면, 이사가 고의 또는 중대한 과실로 인하여 그 임무를 게을리 한 때에는 그 이사는 제3자에 대하여 연대하여 손해를 배상할 책임이 있다. 그 입법취지를 놓고 볼 때, 이사의 직무수행이 제3자에게까지 영향을 미치는 경우가 많음을 고려하여 제3자를 보호하는 한편, 이사가 직무수행을 함에 있어 신중을 기하게 하는 의무에서 이와 같은 이사의 책임을 인정한 것이다.[63] 따라서 제3자에 대한 이사의 손해배상책임을 물을 수 있는 규정을 둔다면 사법적 구제를 통하여 기타 이해관계자의 권익이 보다 쉽게 보호될 수 있을 것으로 생각된다.

제3절
기업의 사회적 책임과 중국기업의 지배구조

기업지배구조는 좁은 의미로는 기업의 소유와 경영의 분리로 인하여 발생하는 경영자와 주주 사이의 이익상충 문제 해결에 관한 것이지만, 넓은 의미로는 주주뿐만 아니라 채권자, 근로자, 소비자 등 기업의 각종 이해관계자의 권한, 책임 등 상호관계에 관한 논의를 포함한다.[64] 따라서 기업의 사회적 책임을 기업이 이해관계자의 요구를 수용하고 그 문제를 해결하는 과정에서 경제적 가치와 사회적 가치를 동시에 창출하고, 이를 통해서 기업의 경쟁력을 강화시키고, 기업과 사회의 지속가능성을 증대시키는 하나의 경영전략으로 본다면 이는 넓은 의미의 기업지배구조의 논의에 포함된다.[65]

63· 이철송, 앞의 책(2012), 768쪽.

64· 김건식, 『기업지배구조와 법』, 소화, 2010, 4쪽.

65· 서의경, 「기업의 지속가능한 발전을 위한 지배구조」, 『Yonsei Global Business law Review』

한편으로 기업이 사회적 책임을 지속으로 활발하게 수행하기 위해서는 외부로부터의 규제와 감독도 중요하지만 기업 내부의 의사결정을 내포하고 있는 기업지배구조로부터 접근할 필요가 있다. 아래에 기업의 사회적 책임과 기업지배구조의 관계에 대해 살펴보고자 한다.

I. 중국기업의 일반적 지배구조

회사는 보통 기관구조를 의사결정 · 집행 · 감독 등으로 나누고 세 기관의 견제를 통하여 기업의 원활한 운영을 담보한다.[66] 이러한 회사 기관구조는 중국 현행 회사법에 반영되었다. 아래에 중국기업의 대표적인 조직형태인 주식유한회사股份有限公司와 유한책임회사有限責任公司[67]의 지배구조에 대해 살펴보도록 한다.

1. 주주회의와 주주총회

주식유한회사의 최고의사결정기관은 주주총회股東大會이며 유한책임회사는 주주회의股東會이다. 주주회의 또는 주주총회는 회사의 경영방침과 투자계획의 결정, 비근로자대표인 이사, 감사의 선임과 해임 및 보수 관련 사항, 이사회의 보고에 대한 심의 · 비준,

---

제5권 제2호, 2013.12, 98쪽.

66· 송옥렬, 『상법강의(제4판)』, 홍문사, 2014, 872쪽 참조.

67· 주식유한회사와 유한책임회사는 법 규정에 따라 일정한 수의 사원(출자자)으로 구성되며, 사원은 출자액의 한도에서 회사에 대하여 책임을 진다는 면에서 공통점이 있지만, 주식유한회사는 주식을 발행할 수 있다는 점에서 유한책임회사와 구별된다.

감사회 또는 감사의 보고에 대한 심의 · 비준, 회사의 연도 예산 방안 및 결산 방안에 대한 심의 · 비준, 회사의 이익배당안과 결손 보전안에 대한 심의 · 비준, 등록자본의 증액 또는 감액에 대한 결의, 회사채 발행에 대한 결의, 회사의 합병 · 분할 · 해산 · 청산 및 회사 형식의 변경 등에 대한 결의, 회사 정관의 개정, 회사 정관에서 정한 기타 사항에 대한 의결권을 갖는다(현행 회사법 제37조, 제99조).

2. 이사회와 이사

이사회는 주주회의 또는 주주총회에서 선임된 이사들로 구성되며, 의사결정기관임과 동시에 업무집행기관이기도 하다. 국유독자회사國有獨資公司[68] 외에 주주 인원수가 적거나 규모가 작은 유한책임회사의 경우 1인의 집행이사를 두어 이사회를 설치하지 않아도 되지만(현행 회사법 제50조), 주식회사는 의무적으로 이사회를 두어야 한다.

이사회는 주주총회의 소집과 주주회의 또는 주주총회에 대한 업무보고, 주주회의 또는 주주총회 결의의 집행, 경영계획과 투자방안의 결정, 회사의 연도 예산안과 결산안의 작성, 회사의 이윤배당 및 결손보전안의 작성, 등록자본 증감 및 회사채 발행, 회사의 합병 · 분할 · 해산 및 회사 형식의 변경안, 내부관리기구의 설치, 경리의 임명 · 해임 및 그 보수, 회사의 내부관리제도의 제정 등에 관한 사항에 대해 의결권을 갖는다(현행 회사법 제46조, 제108조). 이처럼 이사

---

68 · 국유독자회사란 국가의 단독 출자 아래 국무원 또는 지방정부의 수권에 의하여 국유자산감독관리기구에서 출자자의 직무를 수행하는 유한책임회사를 말한다(현행 회사법 제64조).

회는 구체적인 업무집행에 관한 사항을 결정한다는 면에서 회사의 중요 사안에 대해서만 의결권을 행사하는 주주회의 또는 주주총회와 구별된다.

유한책임회사의 이사회는 5인 이상 13인 이내의 이사로 구성되며, 특히 2개 이상의 국유기업 또는 2개 이상의 기타 국유투자주체가 투자 설립한 유한책임회사의 이사회에는 의무적으로 근로자대표를 두어야 하지만, 그 외의 유한책임회사에는 근로자대표이사를 둘 수 있다(현행 회사법 제44조). 주식유한회사의 경우 이사회는 5인 이상 19인 이내의 이사로 구성되며 근로자대표이사에 대한 강제적인 요구는 없다. 한편 상장회사는 국무원의 규정에 따라 독립이사를 두어야 하고(현행 회사법 122조), 전체 이사의 3분의 1 이상을 독립이사로 하여야 하며 그 중 적어도 1인의 회계전문가가 있어야 한다.[69]

3. 경리

업무집행기관으로서의 경리는 영미법상의 임원officer manager에 해당하는데,[70] 유한책임회사에서는 이사회에서 경리를 선임하여 일상적인 경영관리업무를 수행할 수 있다(현행 회사법 제49조). 국유독자유한책임회사와 주식유한회사에서는 회사의 상설 업무집행기관으로서 일반 유한책임회사와 같이 이사회에 의해 선임되고 해임된다(현행 회사법 제68조, 제113조). 중국에서는 이사와 경리의 겸임이 가능하며 실무

---

69. 『상장회사의 독립이사제도를 건립할 데 관한 지도의견(關於在上市公司建立獨立董事制度的指導意見)』, 중국 증권감독관리위원회, 2001.8.16.

70. 李東方, 『公司法學』, 中國政法大學出版社, 2012, 354쪽.

적으로도 이사장 또는 집행이사가 경리를 겸임하면서 회사의 일상적인 경영관리를 담당하는 경우가 대부분이다.

4. 감사회와 감사

현행 회사법에서는 회사 업무집행의 감독기관으로서 감사회 또는 감사를 두고 있다. 유한책임회사와 주식유한회사의 경우 감사회는 주주총회에서 선임되는 3인 이상의 감사로 구성되며, 주주인원수가 적거나 규모가 작은 유한책임회사는 2인 이내의 감사를 두고 감사회를 설치하지 않을 수 있다(현행 회사법 제51조, 제117조). 다만, 국유독자유한책임회사의 감사회는 5인 이상의 감사로 구성된다(현행 회사법 제70조). 특히 감사회는 주주대표와 근로자대표로 이루어지는데, 회사 정관에 따라 전체 감사의 3분의 1 이상을 근로자대표로 하여야 한다(현행 회사법 제51조, 제117조).

감사회 또는 감사는 회사 재무의 검사, 이사 · 고급관리인원의 업무집행에 대한 감독, 임시 주주회의 또는 주주총회의 개최 제의, 주주회의 또는 주주총회에 대한 제안권, 이사 · 고급관리인원에 대한 소제기, 회사 정관에서 규정한 기타 사항에 대하여 권한을 행사한다(현행 회사법 제53조). 감사회 또는 감사는 회사 경영활동에 대한 감독기관으로서 이사 · 고급관리인원은 감사를 겸임할 수 없다(현행 회사법 제51조, 제117조).

Ⅱ. 사회적 책임에 따른 지배구조의 변화

1. 문제의 소재: 주주중심의 기업지배구조의 한계

일반적으로 기업지배구조는 시장경제 하에서 현대 주식회사의 소유와 경영의 분리에서 비롯된 것으로 보고 있다.[71] 회사의 경영 규모가 확대됨에 따라 다수의 투자자로부터 자본이 투입되며 이로써 주식 분산의 고도화 현상이 일어나게 된다. 또한 일부 주주들은 주식의 배당금 또는 매매차익에 의한 투자 목적으로 주식을 소유하고 있고 회사의 경영에 그다지 관심이 없으며, 회사의 경영은 전문지식을 갖춘 경영자에게 맡겨져 있다. 이로 인해 소유와 경영 분리현상이 일어나게 되는 것이다. 이러한 현상으로 인해 주주의 대리인인 경영자가 회사를 경영함에 있어서 사익을 도모하기 위하여 회사 소유자인 주주의 이익을 해할 위험성이 있다. 따라서 기업지배구조의 주요 목표는 대리인 문제를 해결하는 것이며 대리인에 대한 통제 문제를 효과적으로 해결할 수 있다면 투자자 즉 주주의 이익극대화를 보장할 수 있다는 것이다.[72] 이처럼 그동안 기업지배구조는 소유와 경영 분리에 따른 경영자의 권리 남용을 방지하고 주주 이익을 보호하기 위하여 기업 내부의 견제장치 설계를 중심으로 논의가 되어 왔다. 즉 전통적으로 기업지배구조에 대한 논의는 주주중심주의를 전제로 하고 있었다.

주주중심주의는 회사의 목적이 주주이익 극대화에 있다는 견해

71· 盧代富, 『企業社會責任研究－基於經濟學與法學的視野』, 法律出版社, 2014, 113쪽.

72· 王玲, 앞의 책, 188쪽.

와 일맥상통한다. 그러나 앞서 살펴본 바와 같이 주주이익 극대화에 초점을 둔 기업의 의사결정은 종종 기업의 이해관계자들의 이익을 소홀히 함으로써 심각한 사회적 문제를 초래하는 결과를 가져왔다. 기업의 사회적 책임에 대한 관심이 고조됨에 따라 기업이 더 이상 주주이익 극대화에 초점을 두지 말고 경영자가 의사결정을 함에 있어서 다양한 이해관계자의 이익을 고려할 것을 요구되고 있다. 이러한 변화는 전통적인 기업지배구조에 도전장을 보내고 있으며 기업지배구조가 주주중심주의에서 벗어나 이해관계자의 중심으로 변화해가는 밑거름으로 작용하고 있다.

기업의 사회적 책임은 기업의 경영의사결정에 있어 직·간접적으로 영향을 받는 모든 이해관계자들을 고려해야 한다는 이해관계자 중심의 접근법을 통해 논의되어 왔다.[73] 이해관계자중심이론은 주주중심이론을 대체한다고 하기 보다는 오직 기업의 소유주인 주주의 이익에만 집중했던 것을 공정한 이익 배분을 통하여 기업의 기타 이해관계자들의 이익도 만족될 수 있도록 하는 입장을 취하고 있다. 이러한 견해는 이해관계자들의 이익이 다양한 방식을 통해 기업의 의사결정에 반영될 수 있도록 요구하고 있다. 결국 오늘날의 기업지배구조 매커니즘에는 더 이상 주주이익 극대화만을 추구하지 않으며 오히려 기업의 사회적 책임을 통해 기업의 궁극적인 목표를 더 투명하게 하여 성취가능토록 하는 기업의 전략이며, 장기적인 기업의 의사결정과정에 근로자 및 소비자 등과 같은 이익단체들의 이익을 고려함으로써 사회와 환경에 대한 책임

73· 윤진수, 「기업지배구조와 기업의 사회적 책임(CSR)」, 『기업지배구조리뷰』 통권 제57호, 2011.7/8, 75쪽.

감 있는 태도를 갖는 것으로 이해되고 있다.[74]

2. 중국 기업 지배구조의 문제점과 한계

(1) 문제점

중국에서는 2005년 회사법 개정을 통하여 회사에서의 주주회의 또는 주주총회의 중심적인 지위를 확립하고, 주주회의 또는 주주총회 아래에 이사회와 감사회의 이원제 구조를 형성하였다. 특히 이사회와 감사회에 근로자대표를 둠으로써 공동의사결정제도를 어느 정도 갖추는 등 기업지배구조에 많은 변화를 가져왔다.

그러나 중국 회사의 지배구조는 전통적인 주주중심주의 하에 주주이익을 최우선으로 하여 설계되었다. 회사의 경영업무에 대해 의결권과 집행권을 행사하는 이사와 그에 대한 감독기능을 하는 감사는 주주로 이루어진 주주회의 또는 주주총회에 의해 선임되므로 회사는 주주들이 지배되고 있다. 따라서 이러한 기업지배구조에 의해 회사의 경영활동은 주주이익에 지나치게 치우치고 있으며 채권자, 근로자 등 기업의 기타 이해관계자의 이익에 대한 보호는 미흡하다. 구체적으로 다음과 같은 문제점[75]을 안고 있다.

1) 채권자 참여제도의 부재

중국에서는 회사 합병 · 분할 · 감자 · 청산 시 채권자에게 통지해야 하여야 하며(현행 회사법 제173조, 제175조, 제177조, 제185조), 회사 청산인이

---

74. 윤진수, 앞의 논문, 76쪽.

75. 宋修衛, 「我國公司治理結構的缺陷與完善－以公司社會責任為視角」, 『江西廣播電視大學學報』 第3期, 2010, 19~20쪽 참조.

고의 또는 중대 과실로 채권자에게 손해를 입힐 경우 채권자는 손해배상책임을 요구할 수 있다(현행 회사법 189조). 이러한 규정 외에는 주주회의 또는 주주총회, 이사회 및 감사회 등 회사의 의사결정과 감독을 책임지는 기관에 채권자의 참여를 배제하고 있다. 따라서 채권자는 기업지배구조에서 발언권이 없으므로 회사의 경영활동에서 채권자의 이익이 보호 받기에는 어려움이 있다.

2) 근로자 역할 약화

현행 회사법에서는 감사회에 전체 감사 3분의 1 이상의 근로자대표를 두어야 한다고 규정하고 있다. 그러나 감사회가 감독기능을 제대로 수행하지 못 한다는 비판이 따르고 있어 기업지배구조에서 근로자대표의 역할이 많이 퇴색되기 마련이다.

이사회의 경우 2개 이상의 국유기업 또는 2개 이상의 기타 국유투자주체가 투자 설립한 유한책임회사에서는 강제적으로 근로자대표를 포함시킬 것을 요구하고 있지만, 근로자대표의 비율에 대해 명문의 규정이 없을 뿐만 아니라 해당 규정은 국유기업의 민주관리를 표방하는 정치적인 색깔이 짙으므로 이사회에서 근로자대표 역할이 제한적이다. 또한 기타 형태의 회사의 경우에는 이사회에 근로자대표를 둘 지 여부는 임의규정으로서 전적으로 회사의 판단에 맡겨져 있으므로 실무적으로 근로자대표가 이사회에 참여하기 어려울 것으로 판단된다.

3) 정보공시의 불완전성

현행 회사법 제33조[76], 제97조[77]에서는 주주의 열람권을, 제145조[78]에서는 상장회사의 정보공시의무를 규정하고 있다. 그러나 이러한 정보공시의무는 주주의 수요를 만족시키기 위한 규정들이다. 현행 회사법 제6조 제3항[79]에 의해 누구나 회사등기기관에서 회사등기사항을 조회할 수 있지만, 실무적으로 볼 때 회사의 정관, 주소, 법정대표인, 등록자본 등 일반적인 사항만 조회할 수 있다. 따라서 비주주인 기타 이해관계자는 회사 정보에 대한 접근이 쉽지 않다.

(2) 기존 개선논의의 한계

건전한 기업지배구조는 기업이 사회적 책임을 수행할 수 있도록 뒷받침이 되고 격려가 된다.[80] 위에서 살펴보듯이 현행 중국의 기업지배구조 하에서 기업의 이해관계자의 이익에 대한 보호 장치가 결여되어 있음을 알 수 있다. 기업의 지속가능한 발전과 기업가치 향상을 위해서는 다수의 이해관계자들이 기업의사결정 시에 의견을 제시할 수 있도록 기존 기업지배구조 메커니즘과 의사결정 프로세서를 변화시킬 필요가 있으며 이를 위해 다수의 이해관계자들의 존재가 반영된 새로운 지배구조 메커니즘이 필요하다.[81] 즉 경영자들이 자신의 가치관 내지는 취향에 따라 사회적 책임의 내

76· 현행 회사법 제33조, "주주는 회사 정관, 주주회의 회의록, 이사회 결의, 감사회 결의 및 재무회계보고를 열람 · 복사할 권리를 가진다."

77· 현행 회사법 제97조, "주주는 회사 정관, 주주명부, 회사 채권 근거 자료, 주주총회 회의록, 이사회 회의록, 감사회 회의록, 재무회계보고를 열람할 권한과 회사의 경영에 대해 건의하거나 질의할 권한을 가진다."

78· 현행 회사법 제145조, "상장회사는 반드시 법률 · 행정법규의 규정에 따라 재무상황, 경영상황 및 중대한 소송 상황을 공개하여야 하고 매 회계연도 중 반년에 한 번 재무회계 보고를 하여야 한다."

79· 현행 회사법 제6조 제3항, "공중(公众)은 회사등기기관에 회사의 등기 관련 사항의 열람을 신청할 수 있으며 회사등기기관은 열람 서비스를 제공하여야 한다."

80· 김성은, 「중국기업의 사회적 책임과 지배구조에 관한 연구」, 『경영법률학회 경영법률』 제19집 제2호, 2009.1, 367쪽.

81· 윤진수, 앞의 논문, 78쪽.

용을 정하도록 할 것이 아니라 아예 회사의 의사결정과정에 주주의 대표자들뿐만 아니라 사회일반의 이익을 대표하는 자들을 참여시키자는 발상에서 나온 개혁안들이 그것이다.[82] 이는 절차적인 접근방법을 통해 기업의 사회적 책임을 실현하자는 것이다.

이와 관련하여 중국 현행 회사법의 제도상 다음과 같은 두 가지 접근방식을 생각해 볼 수 있다.[83] 첫 번째 방안은 사외이사[84]를 이사회에 참여시켜 기타 이해관계자들의 이익을 대변하는 것이다. 두 번째 방안은 기존의 공동의사결정제도를 확대하여 회사 형태와 관계없이 이사회에 일정한 비율의 근로자대표를 두는 것이다. 그러나 첫 번째 방안의 경우, 중국의 사외이사는 사내이사와 마찬가지로 주주총회에 의해 선출되는 바, 현실적으로 사외이사의 독립성이 대주주로부터 자유롭지 못하다는 지적이 있다. 따라서 사회이사가 과연 기타 이해관계자들의 이익을 대변하는 역할을 제대로 수행할 수 있을지에 대해 의문이 든다. 두 번째 방안은 공동의사결정제도로 인한 기업 가치의 하락과 근로자대표의 경영 비전문성이 문제가 된다. 특히 중국의 경우 뒤에서 설명하는 바와 같이 노동조합이 본연의 역할을 제대로 수행하지 못 한다는 비판이 있는데 근로자대표를 통해 근로자 이익을 회사의 의사결정에 제대로 반영할 수 있을 지에 대해서는 극히 회의적이다. 또한 공동의사결정제도의 대표적인 예인 독일의 공동결정제도도 사실상 기업의 기본정책 결정에 근로자의 의사를 반영한다는 면에서는 실패하였다고 지

82· 김건식, 『회사법연구 I』, 소화, 2010, 37쪽.

83· 한국에서의 논의 내용은 김건식, 위의 책, 37~38쪽 참조.

84· 중국에서는 '독립이사(獨立董事)'라는 용어를 사용하나 논의의 편의상 이 책에서는 '사외이사'라는 용어를 사용한다.

적되고 있다.[85] 이러한 문제는 절차적인 접근방법인 지배구조 개선을 통해 기업의 사회적 책임을 제고하는 데는 일정한 한계가 있음을 설명해준다.

Ⅲ. 사회적 책임을 반영한 개선과제

1. 경영자 책임 강화

중국 현행 회사법에서는 주주의 대표소송에 대한 규정[86]을 두어 주주의 이익이 이사회 또는 경리로부터 침해를 받을 경우 대표소송을 통하여 주주이익이 보호받도록 하고 있다. 이는 회사와 주주의 이익을 보호하는 중요한 법적 장치로서 회사 경영자의 업무상 불법행위를 억제하는 역할을 한다. 회사의 이익과 밀접한 이해관계가 있는 이해관계자도 주주와 같이 회사의 경영활동으로부터 보호받을 필요성이 있지만, 현행 회사법상에서는 이해관계자에 관한 구제제도가 마련되어 있지 않아 민사소송법, 계약법, 노동법, 소비자권익보호법 등 외부 법률에 의해 사후적 구제를 받을 수밖에 없다.

이해관계자의 이익 침해행위에 대한 구체수단과 관련하여, 이해관계자 개개인은 역량 면에서 기업과 현저한 차이를 보이고 있다. 따라서 이해관계자 개개인보다는 그가 속해 있는 단체가 공익

---

85. 김건식, 『회사법연구 I』, 42쪽.

86. 현행 회사법 제152조, "이사 · 고급관리인원이 법률 · 행정법규 또는 회사 정관을 위반하여 주주의 이익에 손해를 끼친 경우, 주주는 인민법원에 소를 제기할 수 있다."

소송을 통해 이해관계자의 이익을 보호하는 것이 더 실효적인 방법이라고 생각된다.

중국은 공익소송제도를 갖추고 있고 있으며 관련 규정은 민사소송법, 소비자권익보호법, 환경보호법 등 법령에 산재해 있다. 공익소송제도는 2012년 민사소송법 개정을 통해 처음으로 도입되었다. 민사소송법 제55조에 따르면 환경오염을 유발하거나 다수 소비자의 합법적인 권익을 침해하는 등 사회공익을 해하는 행위에 대하여 법률이 규정한 기관과 관련 조직은 인민법원에 소를 제기할 수 있다. 또한 소비자권익보호법과 환경보호법에서도 이와 비슷한 규정을 찾아볼 수 있는데, 소비자협회는 소비자의 합법적인 권익을 침해하는 행위에 대하여 소를 제기할 수 있다(현행 소비자권익보호법 제37조 제1항 제7호). 또한 사회단체는 환경오염을 유발하거나 생태를 파괴하거나 사회공익을 해하는 행위에 대하여 소를 제기할 수 있다(현행 환경보호법 제58조).

중국 정부는 공익소송의 편의를 위하여 여러 가지 노력을 하고 있다. 예를 들어 2014년 12월 8일에 공표된 최고인민법원의 『환경민사공익소송안건 심리시 법률 적용 관련 몇 가지 문제에 관한 해석最高人民法院關於審理環境民事公益訴訟案件適用法律若干問題的解釋』 제33조에 따르면 원고는 인민법원에 소송비용의 납부를 연기 신청할 수 있으며, 패소 또는 부분 패소하더라도 인민법원에 소송비용의 경감 또는 면제를 신청할 수 있다. 이는 공익소송을 활성화시키기 위하여 원고의 소송비용에 대한 부담을 최대한 줄이기 위한 것이다.

그러나 공익소송은 통상 이해관계자의 이익에 가해행위를 한 회사를 상대로 소송을 진행하는 것이므로 회사의 경영활동에 관여한 이사나 경영자의 책임을 직접 물을 수 없는 문제가 있다. 회사의 경영활동에 직접적인 책임이 있는 이사 또는 경영자들로 하여금 기업의 이해관계자에 대해 사회적 책임을 이행하도록 유도하기 위해서는 회사뿐만 아니라 이사나 경영자들도 회사의 위법행위에 대해 책임을 지도록 할 필요가 있다고 생각된다. 따라서 일정한 요건을 갖춘 회사의 이해관계자의 단체가 이사 또는 경영자를 상대로 소를 제기할 수 있는 제도를 회사법에 마련하는 것을 생각해 볼 수 있다.

2. 사회적 책임정보 공시의 의무화

사회적 책임정보의 공시는 사회적 책임에 관한 비재무적 정보를 이해관계자와 일반대중들에게 공시하는 것을 말한다. 기업의 사회적 책임정보에는 다양한 정보가 포함될 수 있는데, 중국 사회과학원의 CSR 연구소에서 발표한 『중국기업의 사회적 책임 보고서 작성 지침中國企業社會責任報告編寫指南(CASS-CSR2.0)』에서는 보고 내용을 시장적 성과, 사회적 성과, 환경적 성과로 나누어 주주, 소비자, 파트너, 정부, 근로자, 환경 등 다양한 이해관계자에 대한 책임 정보를 포함하고 있다.[87]

기업의 규모와 영향력이 커질수록 기업의 영향력에 걸맞는 사

87· 『중국기업의 사회적 책임 보고서 작성 지침』의 내용은 '보고서 서언', '책임관리', '시장적 성과', '사회적 성과', '환경적 성과', '보고서 후기' 6개 부분으로 구성되며, ①'보고서 서언'에는 보고서 규범, 대표 인사, 기업 소개, 핵심 성과표를, ②'책임관리'에는 책임 전략, 책임 거버넌스, 책임 융합, 책임 성과, 책임 소통, 책임 조사연구를, ③'시장적 성과'에는 주주 책임, 고객 책임, 파트너 책임을, ④'사회적 성과'에는 정부 책임, 근로자 책임, 안전생산 지역사회 책임을, ⑤'환경적 책임'에는 환경 관리, 자원 · 에너지 절약, 오염물질 배출 감축을, ⑥'보고서 후기'에는 향후 전망, 보고서 평가, 참고 색인, 의견 및 피드백표 등 내용을 포함하고 있다.

회적 책임을 이행할 것을 요구하는 목소리가 커져가고 있다. 그에 따라 기업의 사회적 책임이행을 판단하는 하나의 기준으로서 기업의 사회적 책임정보 공시에 대한 수요도 높아질 것으로 판단된다. 이러한 요구에 부응하기 위하여 기업들은 기업의 사회적 책임 공시에 참여하고 있다. 기업의 사회적 책임 정보공시 관련 사이트인 Corporateregister.com의 통계에 따르면 2012년 6월까지 전 세계 9,135개의 기업에서 41,246개의 사회적 책임 보고서를 발간하였다. 또한 PMPG 인터네셔널은 2011년 사회적 책임 관련 보고서에서 기업의 사회적 책임 정보 공시는 국제적인 추세가 되었다고 설명하였다.[88]

최근 중국에서도 기업의 사회적 책임 정보 공시의 필요성을 인식하고 정부, 업계 등에서 다양한 정책과 지침 등을 발표하여 기업이 사회적 책임 정보를 공시하도록 유도하고 있다.[89] 이러한 배경하에 중국기업들은 이른바 '기업의 사회적 책임 보고서', '지속가능발전 보고서', '기업공민 보고서' 또는 '사회와 환경보고서' 등 여러

88· KPMG 인터네셔널의 2011년 기업의 사회적 책임 조사보고서(KPMG International Survey of corporate Responsibility Reporting 2011)에 따르면, 2008년에 비해 G250(전 세계 TOP250 기업) 중 사회적 책임정보를 공시한 기업은 80%에서 95%로, N100(22개 국가의 TOP100기업)에서는 45%에서 66%로 증가하였다고 한다. 彭華崗, 『企業社會責任基礎教材(第一版)』, 經濟管理出版社, 2013, 200쪽.

89· 예를 들어 정부 차원에서 2007년 5월 9일 광동성(廣東省) 선전시(深圳市)의 『기업의 사회적 책임이행을 추진할 데 관한 의견(關於進一步推進企業履行社會責任的意見)』에서는 기업의 사회적 책임 정보를 공시할 것을 격려하고 있으며, 2008년 1월 국무원국유자산 감독관리위원회의 『중앙기업의 사회적 책임이행에 관한 지도의견(關於中央企業履行社會責任的指導意見)』에서는 중앙기업이 사회적 책임 정보를 공시하여 사회공중(社會公眾)의 감독을 받도록 요구하고 있다. 업계 차원에서는 중국 은행업협회에서는 2009년 1월 『중국 은행업 금융기구 기업의 사회적 책임 지침(中國銀行業金融機構企業社會責任指引)』에 이어 2009년 5월 『중국 은행업 사회적 책임 보고서(中國銀行業社會責任報告)』를 발표하였고, 중국 방직공업협회에서는 『중국 방직복장 지속가능발전 보고서 강령(中國紡織服裝可持續發展報告綱要)』을, 그 외의 부동산, 자동차 등 협회에서도 업계 지속가능발전보고서를 발표하였다. 彭華崗, 앞의 책, 201~202쪽.

가지 형태의 보고서를 발표하여 기업의 사회적 책임 정보를 공시하고 있다.

중국의 현행 회사법과 증권법에서는 상장회사에 한해 기업의 재무정보를 공시하도록 규정하고 있으며 기업의 사회적 책임 정보에 대한 공시는 기업의 자율에 맡기고 있다. 이에 대해 기업의 사회적 책임을 유도하고 기업의 사회적 책임 정보에 대한 이해관계자의 수요를 만족시키기 위하여 기업의 사회적 책임 정보 공시를 법적으로 의무화해야 한다는 주장이 있다. 그 근거로 사회적 책임 정보 공시를 기업의 자율에 맡길 경우, ①정보접근이 어려울 뿐만 아니라 제공되는 정보가 불충분할 것이라는 점, ②기업이 유리하다고 생각되는 정보만 선별적으로 제공함으로서 혼란과 잘못된 판단을 유도할 우려가 있다는 점을 강조하고 있다.[90]

사회적 책임 정보 공시를 통하여 기업의 사회적 책임 활동에 대한 사회적 감독기능을 강화할 수 있다. 또한 전 세계적으로 기업의 사회적 책임 정보 공시가 갈수록 각광을 받고 있지만 중국에서는 그 중요성에 대한 인식이 아직 결핍하다는 점을 감안할 때, 법적으로 기업의 사회적 책임 정보 공시를 의무화하는 것은 중요한 의미가 있다고 생각된다.

그러나 공시 의무화는 한편으로 회사의 공시 비용을 증가하여 경제력이 튼튼하지 않은 기업에 있어서 큰 부담으로 작용할 수 있으며 기업의 경제력을 약화하는 부작용도 안고 있다. 따라서 기업의 사회적 책임정보의 공시를 기업에게 일률적으로 의무화하기보다는, 기업의 규모와 형태를 고려하여 점진적으로 의무화로 이

90· 구본경, 앞의 학위논문, 93쪽 참조.

행하는 것이 바람직하다고 생각된다. 앞서 설명한 바와 같이 국유기업은 기타 형태의 기업에 비해 사회적 책임에 대한 이해가 깊고 경험이 많은 편이다. 그러므로 국유기업에 사회적 책임 정보 공시 의무를 시범적으로 적용하고 사회 여건이 조성되면 공시 의무화의 범위와 대상을 기타 형태의 기업으로 넓혀나가는 것이 현시점에서 실현 가능한 방안이라고 생각된다.

04
중국에서의 기업의 사회적 책임의 확장

기업의 사회적 책임이 무엇인가에 대하여 아직 통일된 견해는 없다. 그러나 대체적으로 기업이 주주이익뿐만 아니라 회사와 밀접한 이해관계를 갖고 있는 이해관계자들의 이익까지 고려해야 한다는 점에 공통된 인식을 갖고 있는 것으로 판단된다. 이해관계자라는 개념 또한 포괄적인 개념으로서 주주, 채권자, 근로자, 소비자, 지역 사회 나아가 사회 전체를 포함할 수 있음을 앞서 설명하였다. 본 장에서는 기업의 사회적 책임 연구에서 많이 논의되고 중요하게 취급되어 온 구체적인 이해관계자 중에서 소비자, 근로자와 환경에 대한 기업의 사회적 책임을 살펴보도록 한다.

제1절
소비자에 대한 사회적 책임

I. 문제의 제기-멜라민 분유사건[1]

멜라민 분유사건은 2008년에 발생한 식품안전에 관한 사건이다. 2008년 6월 28일, 간쑤성甘肅省 란저우시蘭州市의 모 병원에 영아 16명이 신장결석 또는 요도결석 증상으로 입원하였는데, 이들 모두 유제품 기업인 싼루三鹿의 분유를 먹은 것으로 밝혀졌다. 경찰과 유관기관이 조사한 결과 싼루의 분유에서 화학물질인 멜라민[2]이 검출되었고, 동일한 분유를 마신 다른 지역의 영아들도 신장결석에 걸리거나 사망하는 사건들이 속출하였다.

이번 분유사건은 식품안전문제의 빙산 일각에 불과했다. 정부의 조사결과에 의하면 중국 전체 분유업체 109개, 제품 종류 491개 중 22개 분유업체의 69개 제품에서 멜라민이 검출되었다. 특히 이번에 적발된 22개 업체에는 멍뉴蒙牛, 이리伊利 등 유명 유제품 기업들이 포함되어 있었다.

싼루는 그동안 기업 홈페이지를 통하여 사회공익활동 면에서의 성과를 홍보하여 왔다. 그러나 한편으로 식품에 유해 화학물질을 첨가하면 소비자의 건강과 생명안전을 위협할 수 있다는 사실을 인지하고 있음에도 소비자의 건강보다는 이윤의 창출을 선택한 것이다. 이것은 결국 기업이 사회적 책임에 반하고 있음을 대표적으로 보여주었던 사례이다.

1· 崔麗, 「當代中國企業社會責任－以關係契約理論為視角－」, 吉林大學博士學位論文, 2013, 16~17쪽; 한국농촌경제연구원, 「'싼루 저질분유' 사건의 경과와 중국정부의 대응」, 『중국농업정책브리핑』 제08-10호, 2008, 1~2쪽.

2· 멜라민(melamine)은 합성 섬유와 본드, 내연제 등의 재료로 쓰이는 공업용 화학제품으로서 전문가들은 멜라민에 노출될 경우 신장결석이나 요도결석에 걸릴 수 있다고 경고한다. 한국농촌경제연구원, 위의 보고서, 3쪽.

싼루의 멜라민 분유사건은 하나의 우연적이고 개별적인 사건이 아니다. 멜라민 분유사건 외에도 2005년의 '수단홍 사건'[3], 2011년 육류 가공기업인 솽후이雙匯의 '독돼지 사건'[4] 등 식품업계의 불미스러운 사건들은 사회에 큰 파문을 일으켰다. 통계에 의하면 2004년 1월 1일부터 2012년 12월 31일까지 9년 사이에 언론 매체를 통해 공개된 식품안전 사고는 총 2,489건, 매년 평균 276건의 사고들이 적발되었다고 보고되나,[5] 실제로 이보다 더 많은 사고가 발생했을 것으로 추정된다.

이와 같이 최근 들어 소비자의 생명, 건강과 재산이 커다란 피해를 주는 식품안전 관련 사고들이 끊임없이 발생하면서 식품안전 및 소비자 권익보호에 대한 사람들의 우려와 기업의 비윤리적 경영활동에 대해 배신감이 날로 고조되고 있다. 따라서 중국 기업의 사회적 책임이 보다 성숙된 단계로 진입하려면 무엇보다 기업과 소비자 간의 불신을 해소하는 것이 가장 시급한 것으로 보인다. 아래에서는 기업과 소비자는 어떠한 관계인지, 기업의 소비자에 대한 사회적 책임은 무엇인지, 소비자 보호에 관한 중국의 현황은 어떠한지 등에 대해 살펴보고자 한다.

3• KFC의 튀김 제품에서 인체 유해물질인 수단홍(sudan red)이 검출된 사건이다.

4• 솽훼이가 전 세계적으로 금지된 약품인 클렌부테롤(Clenbuterol)을 돼지사료에 사용한 사건이다.

5• http://news.fudan.edu.cn/2013/1216/35236.html

Ⅱ. 기업과 소비자

1. 기업과 소비자 간의 관계

일반적으로 소비자consumer라고 함은 상품이나 서비스를 생산 또는 재판매의 목적이 아니라 자신이 이를 최종적으로 이용하는 개인을 의미한다.[6] 현행 중국법에서는 소비자에 대한 명확한 정의를 찾아볼 수 없지만 현행 소비자권익보호법 제2조에서는 "소비자가 생활 소비를 목적으로 상품을 구매 또는 사용하거나 서비스를 제공받은 경우, 그 권익은 본 법의 보호를 받는다"고 규정하고 있다. 이와 같이 볼 때 중국법에서 소비자는 생활의 수요를 위하여 상품 또는 서비스를 구매하거나 사용하는 자라고 이해할 수 있다.

기업과 소비자는 경제활동의 핵심 주체이다. 기업은 하나의 경제조직으로서 통상 이윤 창출을 목표로 하는데, 이는 시장을 통하여 소비자에게 자신의 상품과 서비스를 판매함으로써 달성된다. 한편 소비자는 생존과 생활의 수요로부터 출발하여 필요한 상품 또는 서비스를 구매한다. 즉 기업과 소비자는 상품 또는 서비스와 금전의 교환을 통하여 각자의 수요를 만족시킨다. 따라서 기업이 소비자에게 좋은 품질과 합리적인 가격으로 상품 또는 서비스를 제공한다면 기업과 소비자는 상생의 관계를 정립할 수 있을 것이다.

기업과 소비자는 상생의 관계를 유지하는 것이 바람직하지만 현실적으로는 기업과 소비자 간의 이익 충돌은 불가피하다. 기업

6· 주진열, 『한중 FTA 대비 국경 간 소비자 보호에 관한 연구』, 한국법제연구원, 2013.6, 14쪽.

은 이윤 극대화를 위하여 소비자에게 상품을 보다 비싼 가격에 판매하길 원하고, 소비자는 이와 반대로 같은 품질의 상품을 보다 싼 가격에 구매하길 원한다. 그러나 이익 충돌이 발생할 경우, 기업과 소비자는 동등한 지위에 있는 것이 아니다. 기업은 소비자에 비해 자본력, 정보력 등 여러 방면에서 월등한 우위를 점하고 있기 때문에 기업과 소비자 간의 힘의 균형은 늘 기업에게 기울어져 있을 수밖에 없다. 기업은 이러한 우위를 남용하여 소비자의 이익을 희생시키는 대가로 자신의 경제적 이윤을 확보할 수 있다. 앞서 설명한 멜라민 분유사건이 그 예이다. 불량 또는 가짜 상품의 판매 외에 허위 · 과대 광고를 하거나 판매가격을 담합하는 등 불법수단을 통해 경제적 이익에만 집착하는 경우도 종종 있다. 이와 같은 배경에서 소비자 보호 운동이 전개되었으며 더불어 기업의 사회적 책임도 주목받게 되었다.

2. 소비자운동의 전개

소비자운동이란 소비자가 소비생활에서 발생하는 소비자문제, 즉 소비자이익이나 이해관계가 침해되는 등의 문제를 주체적으로 해결하려는 사회운동으로 정의할 수 있다.[7]

1884년 영국 북부에 위치한 롯치데일시에서 최초로 소비자조직이 설립되었고 이는 소비자운동의 시초가 되었다.[8] 그 후 미국에서 소비자운동이 본격적으로 전개되었는데, 1981년 뉴욕에서의 소

7· 박성용, 「소비자운동의 이념과 범위」, 『표현의 자유 2차 포럼: 소비자운동과 표현의 자유 발표문』, 2013.6, 82~83쪽.

8· 李雪平, 『企業社會責任國際法律問題硏究』, 中國人民大學出版社, 2011, 136쪽.

비자연맹 결성에 이어, 1898년에는 전국소비자연맹이 발족하여 식품의 품질 향상을 요구하는 소비자운동을 벌였다. 특히 1906년에 발행한 『정글The Jungle』이라는 책에서 미국 시카고에 위치한 육류 가공기업의 불결한 작업 환경을 폭로함으로써 소비자들의 분노를 유발시켰다. 제2차 세계대전 이후, 서구 나라의 경제 부흥과 더불어 물질이 풍요로워지고 소비자들의 자아보호 의식도 고양되었다. 그 예로 1950~1960년대에 독일, 영국, 일본 등 국가에서도 전국적인 민간 소비자조직들이 설립되었고, 네덜란드 헤이그에서 미국, 오스트레일리아, 벨기에, 네덜란드 등 5개국이 국제소비자기구IOCU를 창립하였다.

중국은 1984년에 국무원의 비준을 거쳐 중국소비자협회를 설립하였다. 중국소비자협회는 민간단체의 형태를 취하고 있지만 예산의 일부를 정부로부터 지원을 받고 있다. 또한 정부부처인 공상행정관리총국의 지도를 받는다는 점에서 실제로는 반관영의 성격을 띠고 있다. 중국소비자협회의 설립을 계기로 중국에서도 소비자운동이 활발하게 전개되기 시작하였다. 더 나아가 지방정부에서도 소비자협회를 창설하여 소비자권익을 보호하는 전담기구를 발전시켰다.

소비자조직은 소비자운동의 산물인 동시에 소비자운동을 추동하는 촉매제이기도 하다. 역사적으로 볼 때 소비자운동은 기업의 불량제품으로부터 소비자들을 보호하기 위하여 시작되었으며 주로 제품에 대한 불만족, 불공정한 거래 등 소비자와 직접적인 이해관계가 있는 내용을 다루어 왔다. 그러나 경제가 발전하고 삶의 수준이 제고됨에 따라 소비자운동은 더 이상 소비자 보호에만 머무르는 것이 아니라 환경과 근로자 문제 등에 관해서도 기업에

보다 높은 요구를 제기하고 있다. 나이키Nike의 아동노동 사건[9] 이 그 예이다. 소비자들은 불매운동 등 강력한 활동을 통하여 영향력을 높여가고 있어 그로 인해 기업들이 사회적 책임을 부담해야 하는 압력은 더욱 가중되고 있다.

Ⅲ. 소비자에 대한 구체적인 사회적 책임

1. 소비자에 대한 사회적 책임의 내용

소비자에 대한 사회적 책임은 기업의 사회적 책임의 중요한 일환으로서 최근 중국에서도 뜨거운 관심을 받고 있으며 관련 연구도 활발히 진행되고 있다. 소비자에 대한 기업의 사회적 책임은 무엇인가에 대해 중국 학자들은 다양한 견해를 내놓고 있다. 예를 들어 기업이 법에 따라 경영하고 성실하게 경영하며 제품의 품질과 서비스 수준을 제고하고 소비자의 생명안전권, 알 권리, 선택할 권리 등을 포함한 소비자권리를 존중하는 것이라는 견해[10] 가 있다. 또한 소비자에 대한 기업의 사회적 책임 내용을 항목 별로 나누어 ①경영활동은 자원·평등·공정과 신의성실의 원칙에 따르고 법 규정에 따른 사업자의 법정 의무를 준수하여 소비자의 합법적인 권익을 보호하는 것, ②엄격한 제품품질관리제도를 실시하여

9· 1996년 미국의 한 잡지에 의해 파키스탄의 아동들이 열악한 환경에서 나이키 제품을 만들고 있는 사실을 보도되자, 미국의 소비자단체를 중심으로 한 운동화 불매운동이 일어나면서 나이키는 기업성과에 극심한 타격을 받은 사건이다.

10· 鞠伯蕾·金平, 「論企業對消費者的責任」, 『商品與質量』, 2012.4, 11쪽.

제품안전을 보장하는 것, ③공정하게 가격을 책정하여 폭리정책을 반대하는 것, ④근로자 교육을 강화하여 고품질의 A/S 서비스를 제공하는 것이라고 보는 견해[11] 도 있다. 두 가지 주된 견해를 종합해 보면, '준법경영 · 윤리경영', '양질의 제품 또는 서비스 제공', '소비자 권익보호'라는 공통분모를 찾을 수 있는데, 그 중에서도 '소비자 권익보호'는 소비자에 대한 기업의 사회적 책임의 핵심이라고 할 수 있겠다.

2. 소비자의 권익보호를 위한 소비자의 권리

소비자의 권익이란 소비자의 권리와 그에 따른 이익을 뜻한다. 그러므로 소비자의 권익을 보호하기 위해서는 소비자에 대한 권리보장이 우선시되어야 할 것이다.

1962년 미국 케네디Jonh F, Kennedy 대통령은 『소비자의 이익 보호를 위한 특별교서Consumer's Bill of Rights』를 통하여 소비자의 4대 권리인 안전할 권리[12], 알 권리[13], 선택할 권리[14], 의사를 반영시킬 권리[15] 를 발표하였다. 더 나아가 국제소비자연맹IOCU는 케네디가 주장하는 4대 권리 외에 교육을 받을 권리[16], 보상을 받을 권리[17],

---

11· 韓李靜 · 孟鹏, 「論企業對消費者的社會責任」, 『旅遊經濟研究』, 2012.2, 18쪽.

12· 모든 상품 및 서비스로 인한 생명, 신체 및 재산상의 위해로부터 보호받을 권리.

13· 상품 및 서비스를 선택함에 있어서 필요한 지식 및 정보를 제공받을 권리.

14· 상품 및 서비스를 사용 또는 이용함에 있어서 거래의 상대방, 구입 장소, 가격, 거래조건 등을 자유로이 선택할 권리.

15· 소비생활에 영향을 주는 국가나 지방자치단체의 정책과 사업자의 사업 활동에 대하여 의견을 반영시킬 권리.

16· 합리적인 소비생활을 영위하기 위하여 필요한 교육을 받을 권리.

17· 상품의 사용 또는 서비스의 이용으로 인하여 입은 피해에 대하여 신속하고 공정한 절차에 의해 적절한 보상을 받을 권리.

안전하고 쾌적한 환경을 누릴 권리[18]를 추가하여 소비자의 7대를 공포하였다.

한편 중국에서는 소비자권익보호법에서 소비자의 권리를 규정하고 있는데, 이러한 소비자의 권리에는 안전할 권리[19], 알 권리[20], 선택할 권리[21], 공정하게 거래할 권리[22], 손해배상을 받을 권리[23], 단체를 조직할 권리[24], 교육을 받을 권리[25], 존중을 받을 권리[26], 감독할 권리[27] 등이 포함되어 있다. 또한 2013년 10월 25일에 소비자권익보호법을 개정하여 종전에 규정한 9가지 권리에 더해 개인정보를 보호받을 권리[28]가 추가되었다. 이로써 중국은 보다 넓은 범위에서 소비자권리를 인정함으로써 소비자 권익의 보호를 강화하고 있다.

---

18. 현 세대뿐만 아니라 미래 세대의 욕구를 충족시키는 소비, 환경을 파괴하지 않고 환경의 능력을 약화하지 않는 소비를 할 권리.
19. 현행 소비자권익보호법 제7조, "소비자는 상품을 구매, 사용하고 서비스를 제공받을 시, 인신과 재산 안전이 침해를 받지 않을 권리를 가진다."
20. 현행 소비자권익보호법 제8조, "소비자는 구매, 사용하는 상품 또는 제공받는 서비스의 진실한 상황을 알 권리를 가진다."
21. 현행 소비자권익보호법 제9조, "소비자는 자주적으로 상품 또는 서비스를 선택할 권리를 가진다."
22. 현행 소비자권익보호법 제10조, "소비자는 공정하게 거래할 권리를 가진다."
23. 현행 소비자권익보호법 제11조, "소비자는 상품을 구매, 사용하거나 서비스를 제공받아 인신, 재산의 손해를 입은 경우 법에 따라 배상을 받을 권리를 가진다."
24. 현행 소비자권익보호법 제12조, "소비자는 법에 따라 자신의 합법적인 권익을 보장하는 사회단체를 설립할 권리를 가진다."
25. 현행 소비자권익보호법 제13조, "소비자는 소비 및 소비자의 권익보호와 관련된 지식을 획득할 권리를 가진다."
26. 현행 소비자권익보호법 제14조, "소비자는 상품을 구매, 사용하거나 서비스를 제공받을 시, 인격존엄과 민족풍속습관을 존중받을 권리를 가지고, 개인정보는 법에 따라 보호받을 권리를 가진다."
27. 현행 소비자권익보호법 제15조, "소비자는 상품과 서비스 및 소비자 권익보호사업에 대해 감독할 권리를 가진다."
28. 현행 소비자권익보호법 제14조, "소비자는 상품을 구매, 사용하거나 서비스를 제공받을 시, 인격존엄과 민족풍속습관을 존중받을 권리를 가지고, 개인정보는 법에 따라 보호받을 권리를 가진다."

중국의 현행 소비자권익보호법에서 규정된 소비자 권리는 국제 소비자연맹에서 선언한 소비자의 7대 권리와 그 내용이 비슷하다. 차이점이라면 중국의 경우 공정하게 거래할 권리, 단체를 조직할 권리, 존중을 받을 권리, 개인정보를 보호받을 권리, 감독할 권리가 추가되어 있다는 점이다. 존중을 받을 권리는 중국의 다민족 특성을 잘 보여주는 내용이기도 하다. 반면에 개정 소비자권익보호법에는 의사를 반영시킬 권리와 안전하고 쾌적한 환경을 누릴 권리가 결여되어 있다. 특히 안전하고 쾌적한 환경을 누릴 권리는 중국 정부의 '사람을 근본으로 삼는다', '조화로운 사회'와 '과학발전관' 등 정책 기조에 부합하는 것으로서 향후 소비자권리 관련 법 규정의 개정 방향이 될 것으로 보인다.

3. 소비자 문제 실태

중국은 개혁개방 전에 오랜 기간 계획경제체제를 실행함으로써 시장에서의 상품교환을 제한하였다. 그 시기의 주된 문제는 상품 부족이었기에 소비자 관련 문제는 제기되지 않았다.[29] 개혁개방 정책이 실시되고 시장경제체제가 도입된 이후, 계획경제시기에 제한을 받았던 상품유통이 활발하게 이루어지면서 다양한 상품과 서비스는 대중들의 소비욕구를 증가시켰다. 통계에 의하면 2012년 총 소비자 지출액은 190,423.8억 위안으로, 이는 1978년의 1759.1억 위안에 비해 100배 이상 증가하였다.[30] 소비활동이 활발하게

29· 梁慧星, 「中國的消費者政策和消費者立法」, 『法學』 第5期, 2005, 20쪽.

30· 2013 중국통계연감, 국가통계국(http://www.stats.gov.cn)

이루어지는 만큼 기업의 비윤리적 경영으로 인한 소비자 피해사건도 이에 따라 급증하고 있다. 중국소비자협회의 통계에 따르면, 협회가 설립된 이듬해인 1985년에 접수한 소비자 신고 건수는 8,041건에 불과하였으나 2013년에는 702,484건에 달하였다.[31] 소비자 신고 건수가 증가하는 현상은 소비자의 권리 의식의 증가나 신고의 용이성 등 면에 기인할 수도 있으나 한편으로 소비자권익이 심각하게 침해받고 있음을 말해준다.

중국소비자협회에서는 소비자 신고 유형을 ①품질문제, ②안전문제, ③가격문제, ④계량문제, ⑤A/S문제, ⑥짝퉁문제, ⑦허위홍보 문제, ⑧판매계약 문제, ⑨인격 및 존엄 문제, ⑩기타 등 유형으로 분류하여 매년 소비자 신고상황 보고서를 발표하고 있다. 소비자의 신고상황(<표 3> 참조)을 살펴보면 소비자 신고 중에서 상당수를 차지하는 것이 제품품질에 대한 소비자의 불만임을 알 수 있다. 중국소비자협회의 통계자료에 의하면, 2013년 상반기 동 협회에 접수된 26만 여 건의 신고 중에서 제품품질에 관한 신고 건수가 차지하는 비율이 47.2%에 달하였고 2009부터 2012년까지는 줄곧 50% 이상을 넘었다. 또한 A/S문제와 판매계약 문제의 비율이 10%대를 차지하고 있어 주목을 끌고 있으며 그 중에서도 판매계약 문제는 매년 증가세를 보이고 있다. 반면에 인격 및 존엄 문제는 0.5% 미만의 수준을 유지하고 있어 소비자의 존중을 받을 권리는 대체로 보장되고 있음을 보여준다. 한편 제품안전에 관한 신고 비율은 2% 안팎으로 낮은 수준이지만 제품의 안전성은 소비자를 위하여 기업이 부담하는 사회적 책임 중에서도 가장 우선시해야 할

---

31. 2013 중국통계연감, 국가통계국(http://www.stats.gov.cn)

문제인 점을 감안할 때 소홀히 해서는 안 되는 부분이다.

〈표 3〉 연도별 소비자 신고유형 비율

신고 유형	2013년 상반기	2012년	2011년	2010년	2009년
품질	47.2	51.6	50.2	54.4	58.9
안전	1.7	1.7	1.7	2.1	2.0
가격	4.6	5.4	5.3	5.1	5.6
계량	1.1	1.4	1.3	1.5	1.6
A/S	12.1	14.2	–	–	–
짝퉁	1.4	1.3	1.5	2.1	1.9
허위홍보	2.0	2.0	3.4	3.4	3.5
판매계약	13.2	10.6	10.3	9.0	8.8
인격 · 존엄	0.3	0.3	0.3	0.4	0.3
기타	16.4	11.5	26.3	21.9	17.4

※ 자료 출처: 중국소비자협회(www.cca.org.cn)

Ⅳ. 소비자 법제 현황

1. 소비자 법제의 형성

앞서 언급한 바와 같이 가짜 · 불량 제품 등으로 인해 소비자의 권익이 침해되는 사건이 증가하면서 소비자권익을 보호하기 위한 입법이 필요하게 되었다. 중국은 1980년대 후반부터 소비자 보호와 관련된 규범을 입법화함으로써 소비자법제가 형성되기 시작하였다.[32] 1987년 중국 푸젠성福建省에서 중국 최초의 소비자보호에

32 · 1985년 중국 국가공상행정관리국(현 국가공상행정관리총국)은 소비자 권익보호조례의 초안

관한 지방법규를 제정하자 그 후 기타 성 · 자치구 · 직할시에서도 잇따라 총 36건의 소비자보호 관련 법규를 제정하였다.[33]

소비자 보호에 관한 지방법규 외에도 소비자와 관련된 여러 단행법, 예를 들어 1984년에는 약품관리법, 1985년에는 계량법, 1988년에는 표준화법 등이 공포되었다. 1990년대에 들어서 소비자 관련 입법 활동이 더욱 활발해졌는데 이 시기에 소비자법제의 기본법이라고 할 수 있는 소비자권익보호법이 제정되었다. 그 외에 반부정당경쟁법, 제품품질법, 광고법, 식품위생법[34], 가격법 등이 연이어 발효됨에 따라 중국에서는 보다 전면적인 소비자 보호 법체계가 형성되었다.

이상과 같은 소비자 관련 법령들은 대부분 기능적으로 소비자 보호법이라 할 수 있다. 왜냐하면 원래 소비자 보호를 목적으로 한 것이 아니라 그 법의 목적을 실현하는 과정에서 부수적으로 소비자를 보호하는 효과를 얻게 되는 소극적 소비자 보호 관계법이기 때문이다.[35] 아래에 전적으로 소비자 보호를 상정하여 제정된 법률인 소비자권익보호법을 살펴보도록 한다.

2. 소비자 권익보호법의 제정

1980년대 지방정부에서는 앞다투어 소비자 권익을 전적으로 보호하기 위한 지방법규를 반포하였다. 그러나 이 시기 중앙정부 차

작성에 착수하여 18차례의 수정을 거쳐 1989년에 완성되었으나 입법되지는 않았다.

33 · 吳景明, 『消費者權益保護法』, 中國政法大學出版社, 2007, 33쪽.

34 · 식품위생법은 2009년에 식품안전법이 실행됨에 따라 폐지되었으며, 식품안전법은 2013년에 개정되었다.

35 · 한상돈, 「한 · 중 소비자법제 기본법의 비교」, 『원광법학』 제24권 제4호, 2008.12, 419~420쪽.

원에서의 소비자 권익보호 관련 법령은 존재하지 않았다. 그러나 시장경제의 발전과 함께 날로 심각해지는 소비자 권익 침해 사건들은 중앙정부로 하여금 본격적인 소비자권익보호법 제정에 착수하게 하였다.

소비자권익보호법은 1993년 10월 31일 제8차 전국인민대표대회 상무위원회 제4차 회의에서 통과되어 1994년 1월 1일부터 시행되었다. 동법 제1조에서는 입법 목적을 소비자의 합법적인 권익을 보호하고 사회경제의 질서를 유지하며 사회주의 시장경제의 건전한 발전을 추진하기 위한 것이라고 규정하였다. 소비자권익보호법은 통일적이고 규범적으로 소비자의 권익을 보호하는 소비자법제의 기본법이라고 할 수 있는데, 이 법을 중심으로 소비자 권익보호 체계가 구축되기 시작하였다.[36]

소비자권익보호법은 총 8장 55개 조문으로 구성되어 있다. 제1장은 총칙으로 입법 목적, 적용 대상과 소비자 권익보호에 관한 기본원칙[37]을 제시하였다. 제2장은 앞서 설명한 소비자의 9가지 권리를 규정하였으며, 제3장에서는 사업자가 부담해야 하는 10가지 의무[38]에 관한 규정을 두었다. 제4장은 소비자보호에 대한 정

---

36 馮玉軍 · 林海, 「我國消費者權利保護體系完善研究－基於消協組織投訴受理情況與典型案例的實證分析－」, 『法學雜誌』 2014年 第一期, 37쪽.

37 동법 제4조부터 제6조에서 소비자권익보호에 관한 기본원칙을 규정하고 있는데 ①사업자와 소비자가 거래를 함에 있어서의 자원(自願)평등 · 공정 · 신의성실의 원칙, ②국가는 소비자의 합법적인 권익을 보호해야 하는 원칙, ③소비자의 합법적인 권익보호에 대한 사회공동책임의 원칙이다.

38 동법 제16조부터 제25조에서는 소비자권익을 보호하기 위하여 사업자가 부담해야 할 다음의 10가지 의무를 규정하고 있다. ①법정 혹은 약정 의무의 이행 의무, ②소비자의 의견 청취와 감독을 받을 의무, ③소비자의 인신과 재산에 대한 안전 보장의무, ④진실한 정보를 제공할 의무, ⑤진실하게 표기할 의무, ⑥상응한 증빙서류를 발행할 의무, ⑦상품과 서비스의 품질을 보장할 의무, ⑧A/S를 제공할 의무, ⑨공정하고 합리하게 거래할 의무, ⑩ 소비자의 인격을 존중할 의무.

부의 책무를 규정하고 있는데 입법보호, 행정보호와 사법보호의 내용을 담고 있다. 제5장은 소비자단체와 그 직능 및 의무에 관하여 규정한 것이며, 제6장은 소비자분쟁에 관한 해결방법과 손해배상을 청구할 수 있는 대상에 관한 규정을 두었다. 제7장은 해당 법을 위반하였을 경우의 법적 책임에 대해 규정하였으며 마지막 제8장은 부칙이다.

3. 소비자 권익보호법의 개정

소비자권익보호법은 시행일로부터 지금까지 20여년의 시간이 흘렀으며 소비자의 권리를 보호하고 경제 질서를 유지함에 있어서 중요한 역할을 하였다. 현재의 경제 상황 및 그 규모 등이 20년 전의 상황에 비하여 현저한 변화를 가져왔다고 볼 수 있다. 따라서 소비자의 소비 형태, 소비 관념도 끊임없이 변화하고 있는 실정을 감안하여, 소비자 권익보호를 위하여 소비자권익보호법에 대한 개정의 필요성이 제기되었다. 이에 따라 중국 정부는 2011년 10월 소비자권익보호법의 개정에 착수하게 되었다.[39] 2013년 10월 25일 전국인민대표대회 상무위원회는 소비자권익보호법의 개정안을 통과시켰으며 이 법은 같은 해 3월 15일부터 시행되었다.

현행 소비자 권익보호법은 8장 63개 조문으로 구성되어 개정 전 소비자권익보호법에 비해 8개 조문이 신설되었다. 예를 들어 제품 하자에 대한 사업자의 증명책임, 소비자의 개인정보를 보호

---

39) 김로륜, 「중국의 소비자권익보호법 개정초안에 관한 논의」, 『(최신)외국법제정보』, 한국법제연구원, 2013.5, 29쪽.

받을 권리, 소비자보호협회의 공익소송 권한 등 내용이 개정 또는 신설됨에 따라 소비자 권익보호는 더욱 강화되었다고 볼 수 있다. 아래에 소비자권익보호법의 주요 개정내용[40] 에 대해 살펴보도록 한다.

(1) 제품 하자에 대한 사업자의 증명책임

자동차, 컴퓨터, TV, 냉장고, 에어컨, 세탁기 등 내구성 상품을 구매하거나 인테리어 등 서비스를 제공 받은 날부터 6개월 이내 문제가 발생할 때 사업자가 하자에 대한 입증책임을 부담하여야 한다(현행 소비자권익보호법 제23조 제3항). 이를 통해 소비자가 제품에 대한 하자를 주장할 경우 하자의 부존재에 대한 입증책임을 사업자에게 부과함으로써, 소비자가 관련 전문지식 등의 부족으로 겪게 되는 증명책임의 어려움을 해소시킬 것으로 보인다.

(2) 소비자의 후회권[41] 인정

사업자가 인터넷, TV, 전화, 우편구매 등 방식으로 상품을 판매할 경우 소비자는 상품을 받은 날로부터 7일 이내에 이유 없이 환불 요구를 할 수 있다. 다만 주문 제작, 쉽게 부패되는 상품, 온라인 다운로드 또는 개봉된 영상제품 등 데이터 제품, 신문 또는 간행물 등은 제외된다(현행 소비자권익보호법 제25조 제1항). 이러한 개정 내용은 최근 인터넷 판매행위와 관련하여 소비자와 사업자의 정보 비대칭으로 인하여 소비자가 손실을 입는 사례가 빈번히 발생하는 상황

40· 법무법인 율촌 뉴스레터 : "중국 20년 만에 소비자권익보호법 대폭 개정", 2013.11 참조.

41· 후회권이란 소비자가 상품을 구매한 후 후회했을 때 법률상 규정된 기일 내에 이유 설명과 비용 부담 없이 반품 · 환불 받을 수 있는 제도를 말한다. 김로륜, 앞의 논문, 30쪽.

에서 사업자와 소비자의 평등한 권리를 보호하고자 하는 취지에서 개정한 것으로 이해할 수 있다.

(3) 소비자 개인 정보 보호

사업자가 판매 과정에서 개인정보를 수집, 사용할 경우 수집 및 사용의 목적, 방식, 범위 등을 명시하여야 하고 소비자의 동의를 받아야 한다. 또한 수집한 개인정보에 대하여 엄격하게 보호하고 제3자에게 유출, 판매하거나 불법적으로 사용하여서는 안 되며, 사업자가 소비자의 동의를 받지 않고 스팸메일 등을 발송해서는 안 된다(현행 소비자 권익보호법 제29조). 현행 소비자권익보호법에서는 개인정보가 소비자의 동의 없이 임의로 유출되는 행위를 막기 위하여 처음으로 소비자의 개인정보 보호를 소비자 권익으로 규정함으로써 중국 개인정보보호 법제에 있어서 획기적인 계기를 마련했다고 할 수 있다.

(4) 소비자보호협회의 공익소송 권한 부여

현행 소비자권익보호법에서는 소비자협회의 공익적인 성격을 명시하면서 그 책무를 더욱 명확히 규정하였다. 예를 들어 소비자의 합법적인 권익을 침해하는 행위에 대하여 피해를 입은 소비자의 소제기를 지원하거나 법에 따라 직접 소제기를 할 수 있다(현행 소비자권익보호법 제37조 제1항 제7호). 최근 중국 내에서 집단적 소비자 권익 침해 사건이 자주 발생하는데 소비자 개개인의 힘으로 기업에 대하여 소송을 수행하기에는 역부족인 경우가 많아 소비자의 이익이 침해받게 된다. 따라서 현행 소비자권익보호법은 이러한 집단적 사건에 대하여 소비자협회의 소송 주체 지위를 확인함으로써 직접 소송을 제기할 수 있는 통로를 마련하였다.

(5) 징벌적 손해배상 강화

현행 소비자권익보호법에 따르면, 사업자가 제공한 상품 또는 서비스가 사기행위에 해당하는 경우와 사업자가 상품이나 서비스에 결함이 있다는 것을 알고 있음에도 이를 소비자에게 제공할 경우, 사업자가 징벌적 손해배상을 부담하도록 규정하고 있다. 징벌적 손해배상금의 산정기준에 있어 전자의 경우에는 제품 또는 서비스 금액의 3배를 지급하도록 규정하고 있는데(현행 소비자권익보호법 제55조), 이는 배상금액을 기존의 2배에서 3배로 상향 조정한 것이다. 한편 후자의 경우에는 실제 발생하는 손해를 그 산정기준으로 하여 징벌적 배상금액을 손실금액의 2배 이하로 규정하고 있다(현행 소비자권익보호법 제55조). 징벌적 손해배상에 관해서는 식품안전법 제96조 제2항[42]과 불법책임법 제47조[43]에서도 찾아볼 수 있는데 그 적용범위가 협소하거나 구체적인 산정기준이 결여된 문제점이 있어,[44] 징벌적 손해배상책임의 적용범위를 확대하고 산정기준을 명확히 하자는 의견을 수용하여 이를 현행 소비자권익보호법에서 반영한 것이다.

42· 식품안전법 제9조 제2항, "식품안전기준에 부합되지 않는 식품을 생산하거나 또는 식품안전기준에 부합되지 않는 식품임을 알면서 판매할 경우, 소비자는 손해배상을 요구할 수 있으며 아울러 생산자 또는 판매자에게 제품가격의 10배에 해당하는 배상금을 요구할 수 있다."

43· 불법책임법 제47조, "제품에 하자가 있음을 알면서 생산, 판매하여 타인을 사망 또는 건강에 심각한 손해를 입혔을 경우, 피침권자는 상응하는 징벌적 배상을 청구할 권리가 있다."

44· 김로륜, 앞의 논문, 30~31쪽.

제2절
근로자에 대한 사회적 책임

I. 문제의 제기-팍스콘 연쇄자살 사건[45]

팍스콘Foxconn은 1974년 설립된 세계 최대의 대만계 전자제품 OEM(위탁생산)기업이다. 2010년 1월 23일부터 11월 5일까지 중국에 설립한 팍스콘 공장에서 14차례의 근로자 자살사건이 발생하여 사회 각계의 이목을 끌었다. 전문가들은 연쇄자살의 주된 원인으로 저임금, 과중한 업무, 군대식 노무 관리 등 열악한 근무 환경을 지적하고 있다.

중국 광둥성에 위치한 팍스콘 선전深圳공장의 근무 환경에 대한 2008년 8월 중국노동관찰국China Labor Watch 보고서에 따르면, 하루 10시간 이상 단순 노동을 하는 근로자의 기본임금은 월 750위안으로, 2008년 선전시深圳市 최저임금인 1,000위안보다도 낮은 수준이었다. 야간근무와 각종 수당을 합산하더라도 근로자의 월 평균 소득은 선전시의 월 최소 생활비인 1,800위안에도 미치지 못한 1,000~1,500위안 수준에 그쳤다.

임금 착취뿐만 아니라 팍스콘은 개인 생산할당제를 실시하여 근로자들이 할당되는 1일 생산량을 채우지 못할 경우, 무보수 잔업을 강요하여 일부 근로자들은 30~35시간을 쉬지 못한 채 연속

45· 박종욱, 「사례로 본 중국 노동환경의 변화와 시사점」, 한국수출입은행 해외경제연구소, 2010.9, 3~4쪽; 정선욱, 「중국 팍스콘 고용관행 보고서 분석 : 노동법 준수, 인간적 대우, 기업의 사회적 책임 요구」, 『국제노동브리프』 2011년 2월호; 황경진, 「중국 팍스콘 노동자 연쇄투신자살과 혼다자동차 파업의 경과 및 주요 쟁점」, 『국제노동브리프』 제8권 제7호, 2010.8 참조.

일하는 경우가 허다하였다. 또한 근무시간을 정규 근로시간인 1일 8시간보다 많은 10시간으로 규정하고, 휴가도 월 2회에서 1회로 줄이는 등 불법 방식을 통해 근로자를 압박하였다.

또한 팍스콘은 매우 엄격한 관리제도를 실시하였다. 작업 중에 대화가 금지되고 휴식시간은 오전, 오후 각 10분밖에 주어지지 않았다. 휴식시간에도 작업장 밖으로 나갈 수 없으며 실내에서 스트레칭이나 화장실 사용 등만이 허용되었다. 한편 근로자수첩에는 120여 개의 징벌규정이 상세히 기술되어 있는가 하면 근로자가 실수를 할 경우 관리인에게 모욕을 당하는 현상도 자주 발생하였다.

열악한 근무환경과 그로 인한 연쇄자살사건이 중국 관영 방송국인 중앙텔레비전방송국CCTV 등 각종 언론매체에서 집중 보도되자 팍스콘은 외부의 압력에 못 이겨 급여 인상, 휴가제도 시행, 잔업시간 감소, 근로자 상담센터 설치, 노동조합 설립 등 다양한 대책들을 내놓는 등 노력하는 모습을 보였다.

그러나 2010년 10월에 발표된 20개 대학연합 공동조사보고서(원제는 "两岸三地" 高校富士康调研总报告)[46]는 팍스콘의 이러한 개선책도 무용지물이라고 비판하였다. 특히 근로자 상담센터는 실명을 밝혀야 했고 상담 내용을 경영진에 통보하는 등 사실상 근로자의 사적 생활은 보장받지 못하였기 때문에 여전히 기업 관리층의 감시와 통제에서 벗어나지 못했다는 것이다. 또한 노동조합은 많은 근로자들이 그 존재조차도 잘 모르고 있을 뿐만 아니라 참여하고 싶지 않는다고

46· 홍콩 · 대만을 포함한 중국의 20개 대학의 교수, 학생 연구원들이 팍스콘 공장을 대상으로 현지 실태조사와 인터뷰를 통해 만들어진 보고서이다.

하였다.

팍스콘 사건은 중국의 노사 간 갈등을 보여주는 대표적인 사례로서, 산업화과정에서 중국기업에 누적된 병폐의 축약판이라고 할 수 있다.[47] 중국의 인력자원 및 사회보장부에서 발표한 『2012년 인력자원 및 사회보장사업 발전통계 보고서2012年度人力資源和社會保障事業發展統計公報』에 따르면, 2012년 전국의 노동분쟁 해결조직과 중재기구에서 접수한 노사분쟁 사건은 총 140.3만 건에 달했다. 이는 전년도의 131.5만 건에 비해 6.7% 증가한 것으로 나타났다.[48] 또한 국제노동조합총연맹ITUC에서 발표한 『2014 세계 근로자 권리지수 보고서』에서 중국은 근로자 권익을 전혀 보장받지 못하는 것에 해당하는 최하위 등급을 받았다.[49]

이처럼 노사분쟁이 빈번히 발생하고 근로자 권익이 제대로 보장받지 못 함에 따라 근로자 권익을 보호해야 한다는 목소리가 더욱 커짐과 동시에 기업의 사회적 책임에 대한 요구도 한층 높아지고 있다. 아래에서는 근로자에 대한 기업의 사회적 책임이 무엇인지, 이와 관련한 법제도는 어떠한지, 그리고 근로자의 권익보호에 있어서 근로자의 대표기관이라고 할 수 있는 노동조합의 역할에 대해 논의하고자 한다.

47· 황경진, 앞의 논문, 89쪽.

48· 『2011年度人力資源和社會保障事業發展統計公報』, 人力資源和社會保障部, 2012.6.

49· 이 보고서는 2013년 4월부터 2014년 3월까지 1년간 세계 139개 국가를 대상으로 국제노동기구(ILO)가 정한 97개 기준이 얼마나 위반되고 있는지를 조사해 1등급부터 5등급을 분류했는데 중국은 한국, 캄보디아, 카타르 등과 함께 5등급에 속했다. 1등급은 근로자권익 위반이 거의 일어나지 않음을, 2등급은 비정기적이긴 하지만 반복적으로 근로자들의 권익이 침해받음을, 3등급은 근로자권익 침해가 정기적으로 일어남을, 4등급은 근로자들의 권익이 조직적으로 침해받음을, 5등급은 근로자들의 권익이 전혀 보호받지 못함을 의미한다. http://www.newsis.com/ar_detail/view.html?ar_id=NISX20140522_0012933947&cID=10101&pID=10100.

II. 기업과 근로자

1. 기업과 근로자 간의 관계

기업은 주로 근로자가 제공하는 인력자원에 기반하여 설립된 조직이므로, 근로자의 이익은 기업의 사회적 책임 중 가장 직접적이고 중요한 사안이다. 이처럼 근로자 문제는 기업의 사회적 책임의 주요내용 중 하나라고 할 수 있다.[50] 기업의 주된 목적은 이익 창출에 있으나 이는 근로자의 노동과 분리되는 것이 아니다. 따라서 근로자에 대한 사회적 책임은 기업의 사회적 책임에서 큰 비중을 차지하기 마련이다. 이와 비슷한 맥락에서, 기업의 사회적 책임은 그 책임 범위를 놓고 볼 때 주로 기업 내부의 노동관계 조정과 근로자 권익보호의 실현에 대한 책임이라는 견해가 있다. 또한 근로자의 '이익'을 개선하는 것에 그치지 않고 기업 생산과정에서 근로자의 '권리'를 실현하는 것이라고 한다.[51] 따라서 근로자 권익의 보호는 기업의 사회적 책임을 충실히 이행하는 데 있어 필수적이라고 해도 과언이 안다.

2. 기업의 근로자에 대한 사회적 책임의 근거

근로자에 대한 기업의 사회적 책임이 무엇인가를 규명하기에 앞서 기업은 왜 근로자에 대하여 사회적 책임을 부담하는지, 그

50· 虞政平, 『公司法案例教學(上)』, 人民法院出版社, 2012, 170쪽.

51· 肖海軍, 「論企業社會責任中的相對責任與絕對責任」, 『法治論壇』, 2010, 1쪽.

근거는 무엇인가에 대해 의문이 제기된다. 근로자도 기업의 이해관계자 중의 하나로서 기업의 사회적 책임의 대상에 포함된다. 기업이 근로자에 대하여 사회적 책임을 부담해야 한다는 근거를 주로 법정 의무와 계약 의무로 나누어 볼 수 있다.

법정 의무의 측면에서 볼 때, 현행 중국법은 근로자의 생명 및 건강, 급여, 노동환경, 사회보험 등에 대하여 명문의 규정을 두고 있다. 기업이 법에서 규정하는 근로자에 대한 의무를 성실히 이행하지 않을 경우, 상응한 법적 책임을 지게 되는 것은 당연지사이다. 따라서 기업이 근로자에 대하여 사회적 책임을 부담하는 것은 법으로부터의 요구이기도 하다.

또한 계약 의무의 측면에서 볼 때, 근로자는 통상 노동계약을 통하여 그와 기업 간의 권리와 의무를 구체화한다. 기업이 근로자를 고용할 경우 노동계약 체결이 의무화되고 있으며(노동계약법 제10조), 노동계약의 필수 조항에는 근무시간, 휴식 휴가, 급여, 사회보험, 노동보호와 직무재해 방지보호 등 사항을 포함하도록 하고 있다(노동계약법 제17조). 기업은 근로자와 체결한 노동계약을 충실히 이행함으로써 근로자의 권익을 보호할 의무가 있는 것이다.

3. 농민공 보호 문제

농민공 문제는 중국 특유의 현상이다. 농민공은 농민외출무공農民外出務工의 줄임말로 도시에 진출하여 비농업분야에 종사하지만 농업 호적을 가진 노동자를 말한다. 농민공은 개혁개방이후 공업화 · 도시화 과정에서 나타난 새로운 노동계층이라고 말할 수 있다.

국가통계국의 농민공 조사 보고서[52]에 따르면 2013년 전국 농민공은 26,894만 명에 달하여 도시에서 주요한 노동력이다. 그럼에도 불구하고 근래 저임금, 임금 체불, 초과근무, 근무환경 등 문제가 잇달아 폭로되고 있으며 농민공은 합법적 권익을 보장받지 못한 채 사회의 약자로 전락되고 있다. 위 보고서에 의하면, 84.7%의 농민공이 주 근무시간 44시간을 초과하고 농민공의 임금 체불 비중은 0.8%에 달하였으며 노동계약을 체결한 농민공 비중은 41.3%에 불과하였다. 팍스콘 사건은 농민공 문제의 축소판이라고 할 수 있는데 자살한 근로자 모두가 농민공이라는 점을 비추어 볼 때 문제의 심각성을 엿볼 수 있다.

따라서 농민공의 처우개선 등 문제는 중국 정부가 반드시 해결해야 할 중요한 과제이기도 하지만 동시에 중국 기업이 부담해야 할 사회적 책임이기도 하다. 2006년 1월 31일 중국 국무원은 『농민공문제 해결에 관한 몇 가지 의견國務院關於解決農民工問題的若干意見』을 발표하여 임금, 노동계약, 사회보장 등 여러 분야에 걸쳐 농민공 문제 해결을 위한 정책방향을 제시하였다. 그 후 2008년에는 『현단계 농민공 사업을 잘 할 데 관한 통지國務院辦公廳關於切實做好當前農民工工作的通知』, 2010년에는 『기업의 농민공 임금체불문제를 해결할 데 관한 긴급통지國務院辦公廳關於切實解決企業拖欠農民工工資問題的緊急通知』, 2013년에는 『국무원 농민공사업 영도소조를 설립할 데 관한 통지國務院辦公廳關於成立國務院農民工工作領導小組的通知』 등 일련의 정치 문건들을 발표하면서 정부는 농민공문제를 개선하고자 하는 강한 의지를 표명하였다. 이는 한편으로 농민공문제의 심각성을 보여주는 것이기도 한다. 따라서

52· 2013年農民工監測調查報告, 국가통계국(http://www.stats.gov.cn)

기업은 반드시 정부정책에 발맞추어 농민공에 대한 사회적 책임을 기업의 사회적 책임의 중요한 일환으로 삼고 농민공의 이익을 보장하도록 노력을 기울여야 할 것이다.

Ⅲ. 근로자 권익보호 관련 법제

1. 국제 노동 관련 기준

(1) 국제노동기구(ILO)의 기준

19세기 초 유럽 일부 국가에서는 원가 절감을 위한 근로자 권익 침해사례가 빈번히 발생하였으며, 이에 대응하기 위한 노동자운동의 결실로 1919년에 국제노동조직ILO이 설립되었다. ILO는 협약convention과 권고Recommendation의 형태[53]로 국제노동기준을 제정하고 있다. 협약에는 기본인권, 고용, 노사관계, 노동행정, 근로기준, 사회보장 등 여러 분야를 망라하고 있으며, 특히 근로자의 기본권익을 다루는 8개 핵심협약(<표 4 참조>)의 비준·이행을 독려하고 있다.[54]

53· 협약은 회원국이 비준하는 경우 해당 회원국은 이를 이행할 법적의무가 발생한다 반면, 권고는 협약내용과 관련하여 회원국의 정책과 활동이 나아가야 할 방향을 제시하는 지침의 성격을 가지고 있으며, 이를 이행할 법적 의무는 없다. 기준의 다른 형태로는 ILO총회와 각종 회의시 채택되는 직업규약, 결의, 선언 등이 있다. 이들은 비록 일정 규범을 설정하는 효과는 있으나, 협약 및 권고와 같이 공식적인 성격은 없으며, ILO의 국제노동기준 체계에는 포함되지 않는다. 한국 고용노동부(http://www.moel.go.kr).

54· 한국 고용노동부(http://www.moel.go.kr).

〈표 4〉 ILO 핵심협약

분야	협약명
차별 금지	남녀 동등보수 협약
	고용 · 직업상 차별금지 협약
아동노동 금지	취업상 최저연령 협약
	가혹한 형태의 아동노동 철폐 협약
강제노동 금지	강제노동에 관한 협약
	강제노동 철폐에 관한 협약
결사의 사유	결사의 자유 및 단결권 보호 협약
	단결권 및 단체교섭권 협약

※ 자료 출처: 한국 고용노동부

중국은 ILO의 상임이사국 중의 하나로, 2013년 말까지 총 25개의 협약을 비준하였다. 그 중 남녀 동등보수 협약, 취업상 최저연령 협약, 가혹한 형태의 아동노동 철폐 협약, 고용 · 직업상 차별금지 협약 등 4개 핵심협약을 포함하고 있다. 이러한 공약의 내용은 노동법, 노동계약법 등 노동 관련 법령을 통하여 반영되고 있다.

(2) 기업의 사회적 책임 표준(SA8000)

노동 관련 국제기준에서 ILO의 국제노동기준 외에 기업의 사회적 책임 표준SA8000(Social Accountability 8000)도 대표적이라 할 수 있다. SA8000 기준은 1997년 미국 노동부 산하의 근로문제 연구기관인 SAI(Social Accountability International, 전 CEPAA)가 근로자의 기본권익을 보호한다는 취지에서 출발하여 ILO협약, UN 아동권리협약 및 세계인권선언을 기초로 하여 제정한 것이다. SA8000의 주요 내용[55]은 〈표 5〉와 같다.

55· 이장원, 「노동부분의 기업의 사회적 책임 : 현황과 과제」, 『기업의 사회적 책임과 노동』, 2008, 10쪽.

〈표 5〉 SA8000의 요구사항

구분	구체적 요구사항
아동노동	- 아동노동(ILO기준에 의하면 만 15세 이하(예외적으로 14세 이하도 적용되는 분야가 있음)은 원칙적으로 금지 - 법에 의한 의무교육 대상에 해당되는 근로자를 고용하고 있다면 등하교 시간을 고려한 학교 수업 시간에 업무 금지 - 만 18세 이하의 근로자는 1일 10시간을 초과 금지
강제노동	- 본인의 의사와 관계없이 이루어지는 강제노동은 금지 - 근로를 조건으로 근로자로 하여금 보증금, 신분증/여권 등을 강제 담보하도록 하는 것은 금지
보건/안전	- 근로자가 기본적인 보건·안전을 확보할 수 있는 노동환경 조성(심각한 보건 위해 요소의 제거 및 방진 마스크 등 개인보호장구의 지급 등)
단체교섭	- 근로자의 자유의사에 의한 단결권 및 단체교섭권 인정
차별	- 인종, 국적, 종교, 성별, 사상 등에 의하여 근로자의 고용, 보상, 교육, 승진 등에 있어서 차별 금지
처벌	- 신체적인 징벌, 정신적 및 육체적 강요의 금지
근로시간	- 법정 근로시간 또는 주당 48시간 중 보다 적은 쪽을 기준 - 연장근무는 주 12시간 초과 금지
보상	- 법으로 정해진 최저임금을 충족(기본적인 필요를 취할 수 있는 임금체계를 규정)
경영시스템	- SA8000 시스템의 효과를 달성하기 위한 절차 및 실행에 대한 규정: 방침, 경영검토, 경영자 대리인, 계획 및 실행, 협력업체 관리, 의지표명 및 시정조치, 사회 커뮤니케이션, 이해당사자의 검증을 위한 접근 허용, 기록 유지 등.

2. 중국의 노동법제

(1) 노동법제의 변화[56]

중국은 오늘에 이르기까지 다양한 노동입법을 제정하고 실시하였다. 중국 노동법 체계를 살펴보기에 앞서 1978년 이후 중국 노

56· 중국 노동법제의 변화에 대한 자세한 내용은 조임영, 「중국 노동법제의 전개와 주요 쟁점」, 『영남법학』 통권 제35호, 2012.12 참조.

동입법의 변천과정에 대해 간단히 설명하고자 한다.

개혁개방 이후 시장경제체제가 도입되고 '선부론先富論'에 근거한 경제성장을 이룩하기 위하여 중국은 상당 기간 기업에 유리한 노동정책을 펼쳐왔다. 해고 자유를 비롯한 관련 규정들은 근로자의 권익보다 기업의 이익에 더 무게를 두었던 것이다. 그러나 2003년 이후 '사람을 근본으로 삼는다', '조화로운 사회', '과학발전관' 등 사회 조화를 강조하는 정치 이념이 등장함에 따라 기업이익중심의 노동정책도 서서히 근로자 권익을 보호하는 방향으로 변화하고 있다.

그 일례로 2008년 1월 1일부터 시행된 노동계약법은 ①근로자와 기업 간의 근로계약 체결을 강화하고, ②단기고용을 제한하고 장기고용을 강화하였으며, ③'동일 노동, 동일 임금'의 보수원칙을 확정하고, ④근로자의 단체 협상권을 보장하는 등을 내용으로 하고 있다.

(2) 중국 노동법체계

중국의 근로관련법에는 기본법인 노동법 외에 회사법, 노동계약법, 노동조합법, 사회보험법, 취업촉진법, 안전생산법, 최저급여규정最低工資規定, 아동노동금지규정禁止使用童工規定 등 다양한 법령들이 존재하며, 근로계약, 결사, 복지, 취업, 안전, 급여, 아동노동 등 광범위한 범위에 걸쳐 근로자이익을 보호하고 있다.

(3) 근로자 권익보호 규정

1) 회사법상 근로자 권익보호의 일반적 규정

중국은 회사법 내부에서 근로자권익의 보호를 강화하려는 움직임을 보이고 있다. 예를 들어 현행 회사법 제17조 제1단에서는 “회사는 근로자의 합법적 권익을 보호하여야 한다. 법에 따라 근로자와 노동계약을 체결하고 사회보험에 가입시켜야 하며 노동보호를 강화하고 안전생산을 실시해야 한다”고 규정하고 있다.

2) 근무시간

1995년 3월 25일, 『국무원의 근로자 근무시간에 관한 규정』 제3조에서 근로자의 법적 근무시간을 매일 8시간, 매주 40시간으로 규정하였다. 노동법에서도 근무시간에 대해 제한을 두고 있는바, 노동법 제36조에 의하면 근로자의 근무시간이 매일 8시간, 매주 평균 44시간을 초과해서는 안 된다. 또한 동법 제41조에서는 근무시간의 연장에 대한 제한규정을 두고 있는데, 경영에 필요한 경우 기업은 노동조합과 근로자의 동의를 거쳐 근무시간을 연장할 수 있으며, 연장근무시간은 최대 매일 3시간, 매월 36시간을 초과해서는 안 된다고 규정하였다. 그리고 동법 38조에서는 근로자가 적어도 매주 1일 휴식할 수 있도록 요구하고 있다. 한편 동법 제44조[57]에서는 근로자가 연장근무를 할 경우, 기업은 정상 근로시간의 임금보다 높은 보수를 지불해야 하며, 잔업비의 할증비율은 평일, 주말 및 법정휴일에 따라 150%~300% 이상으로 명시하고 있다.

57· 노동법 제44조, “다음 각 호의 하나에 해당하는 사유가 있는 경우 기업주는 아래의 기준에 따라 근로자의 정상 근로시간의 임금보다 높은 임금보수를 지급하여야 한다. ①근로자의 근무시간을 연장하는 경우 통상 임금의 150% 이상을 지급하여야 한다. ②휴일에 근로자를 근로시키고 보충휴가를 주지 않을 경우 통상 임금의 200% 이상을 지급하여야 한다. ③법정휴일에 근로자를 근로시키는 경우 적어도 통상 임금의 300% 이상을 지급하여야 한다.”

3) 급여

노동법 제48조와 제49조에서는 최저임금보장제도에 대하여 규정하고 있다. 최저임금보장제도란 기업이 근로자에게 지불하는 임금이 해당 지역의 최저임금기준보다 낮아서는 안 된다는 것이다. 현지 상황에 따라 최저임금기준은 성 · 자치구 · 직할시의 정부에서 산출하여 국무원에 등록하도록 되어있다(노동법 제48조). 최저임금기준의 책정 · 조정 시 근로자 본인 및 평균 부양인구의 최저생계비, 사회 평균 임금 수준, 노동 생산성, 취업 상황, 지역 간 경제발전 수준 등 요소를 종합적으로 고려하여야 한다(노동법 제49조). 최저임금조례 제10조에서는 최저임금기준을 적어도 2년에 한 번씩 조정할 것을 요구하고 있다. 근래 중국 경제가 지속적으로 발전함에 따라 매년 최저임금기준을 조정하는 성은 20개 이상에 달하며 평균 증가폭은 비교적 높은 수준을 유지하고 있다([그림 4] 참조).

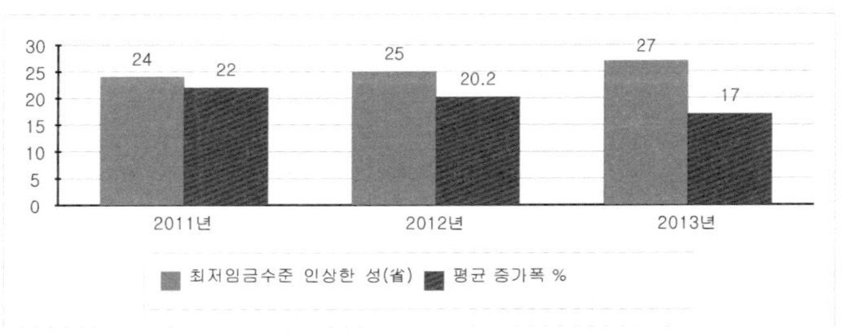

[그림 4] 2011-2013년 중국 최저임금 조정현황

자료 출처: 인력자원 및 사회보장부

4) 안전생산

중국의 생산기업 현장에서는 '안전생산에 대한 책임은 태산보다 무겁다'라는 슬로건을 자주 볼 수 있다. 그만큼 중국 정부와 기업이 사람의 생명을 중요시하고 근로자를 보호하고자 하는 작은 실천으로 해석된다. 그러나 과연 실제로 얼마나 많은 기업들이 이를 충실하게 실천하고 있는지에 대해서는 의문이다. 노동법 제6장에서는 노동안전과 위생에 관한 내용을 담고 있는데, 고용주는 노동안전 위생제도를 제정하고 국가의 노동안전 위생 규정과 기준에 따라 근로자에게 근로안전위생에 관한 교육을 실시하며 작업 중 사고를 예방하고 직업상의 위해를 감소시켜야 한다(노동법 제52조). 또한 고용주는 국가 관련 규정에 적합한 근로안전 위생조건을 마련하고 근로자에게 필수 작업보호용품을 제공하며 위험한 작업을 하는 근로자에 대하여 정기적인 건강검진을 진행해야 한다(노동법 제54조). 근로자는 위험작업을 강요하는 명령에 대해 거절할 수 있으며 근로자의 생명 안전과 건강을 위협하는 행위에 대하여 신고, 고소 등을 할 권리가 있다(노동법 제56조).

이외에도 중국은 남녀평등 취업, 아동노동금지, 인격 존중, 사회보험 등 여러 분야에 걸쳐 근로자의 권익을 보호하는 법적 장치를 마련하였다. 이처럼 근로자 권익보호에 관하여 비교적 체계적인 법제도를 갖추었음에도 불구하고 기업은 생산비용 절감 때문에 최저임금, 잔업수당, 사회보험료 납부 및 노동환경 개선 등 관련 법률에서 규정한 의무를 수행하지 않고 있어 노동분쟁 해결은 여전히 중요한 과제로 남겨져 있다.[58] 이에 비추어 볼 때 기업의 준법의식을 강화하고 법 규정이 제대로 이행하도록 이끌어 나가는 것도 기업의 사회적 책임을 강조함에 있어서 조속히 해결해야 할 문제이다. 기업의 사회적 책임 중에서 가장 기본적인 내용이라 할

58· 박종욱, 앞의 논문, 1쪽.

수 있는 법률적 책임도 제대로 이행되지 않는 상황에서 그 이상의 기대 또는 요구를 하는 것은 무리라고 볼 수 있기 때문이다.

Ⅳ. 중국의 노동조합[59] 의 역할

앞서 근로자 권익보호에 관한 법 규정을 살펴보았다. 기업의 사회적 책임을 보다 강화하고 근로자의 권익을 보호하기 위해서는 노동조합의 역할을 간과할 수 없다. 노동조합에 관한 규정은 회사법, 노동법, 노동계약법 등에서도 찾아볼 수 있지만, 중국은 노동조합법을 통해 노동조합의 설립 및 운영에 관한 사항을 규제하고 있다. 노동조합법 제2조[60] 에서 규정한 바와 같이 노동조합은 근로자의 결사 자유에 의해 자발적으로 이루어진 근로자 조직으로서, 그 기본책무는 근로자의 합법적인 권익을 보호하는 데 있다. 따라서 노동조합은 근로자의 권익을 보호하기 위해 주도적인 역할을 담담하여야 할 것이다.

중화전국총공회[61] 의 통계수치에 따르면, 2013년 6월 노동조합의 회원 수는 2.8억에 이르며, 이는 5년 전에 비해 매년 평균 1,448.5만 명씩 증가한 수치이다.[62] 회원 중 농민공 회원 수는 1.09억으로 회원의 태반을 차지하고 있다. 또한 노동조합을 설립한 기업의 수는

---

59 중국에서는 노동조합을 공회(工会)라고 하지만 이해의 편의상 이 책에서는 노동조합이라는 용어를 사용한다.

60 노동조합법 제2조, "노동조합은 근로자들이 자발적으로 결성한 노동자계급의 군중조직이다. 중화전국총공회 및 각 노동조합은 근로자의 이익을 대표하고 법에 의해 근로자의 합법적인 이익을 보호한다."

61 중화전국총공회는 중국 노동조합의 전국 조직이며 중국공산당 산하의 기관이기도 하다.

62 http://news.xinhuanet.com/fortune/2013-10/11/c_117676411.htm

637.8만 개로 근로자의 회원 가입율은 81.1%로 나타났다.

이처럼 노동조합은 거대한 단체를 이루고 있는데 그의 역할을 주로 다음과 같이 두 가지로 분석해볼 수 있다. 첫째로, 노동조합은 기업과의 단체교섭을 통해 근로자의 급여 인상, 근로환경의 개선 등을 위하여 힘써야 한다. 이에 노동조합은 근로자를 대표하여 회사와 평등하게 협상하고 집체계약을 체결함으로써 그 목적을 달성할 수 있다. 둘째로, 근로자대표대회 등을 통하여 기업 경영에 적극 참여하고 근로자의 알 권리, 참여할 권리, 의사를 반영할 권리, 감독할 권리 등을 보장하여야 한다. 이는 노동조합의 근로자와 기업 간의 유대감을 형성하는 데에 중요한 역할을 할 뿐 아니라, 또한 원활한 노사관계를 이루도록 하는 노동조합에게 주어진 사명이기도 하다.

역사적인 원인으로 인하여 중국의 노동조합은 자본주의적 의미의 노동조합과 다소 차이점이 있다. 즉 중국의 노동조합은 근로자 이익을 대표하는 독립적인 조직이라고 보기는 어렵다.

우선 중국의 상급 노동조합은 준행정기관의 성격이 강하다. 중화전국총공회의 정관에는 "중국공산당의 지도하에 근로자들에 의해 자발적으로 설립된 노동계급 군중群衆조직이고 당과 근로자들을 연결 지으며 국가 정권의 중요한 사회 기둥이고 회원과 근로자의 이익을 대표한다"고 중국공회(중화전국총공회를 칭함)에 대하여 정의하고 있다. 또한 노동조합법 제4조에서는 노동조합이 사회주의제도, 공산당의 영도, 마르크스레닌주의 · 마오쩌둥사상 · 덩샤오핑이론을 견지할 것을 요구하고 있다. 이는 노동조합의 독자적인 활동을 통한 근로자 보호기능을 강화하는 동시에 중국의 사회주의 기본노선을 벗어나서는 안 된다는 사실을 보여주는 주의적인 문언으로 평가되고 있다.[63] 이처럼 중국의 노동조합은 사회주의와 중국공산당의 지도를 강조하고 있다.

다음으로 중국의 노동조합은 회사로부터 자유롭지 못하다. 현행 회사법 제18조에 의하면 회사는 노동조합에 필요한 활동 여건을 마련해주어야 한다. 노동조합의 활동 경비를 회사로부터 지원을 받는다는 점에서 볼 때 독립성을 확보하기 어렵다. 한편으로 노동조합법 제30조는 노동조합이 기업의 복지, 급여, 노동 안전 위생과 사회보험에 관한 업무수행을 협조하도록 규정하고 있다. 아울러 동법 제31조에서는 노동조합은 기업과 함께 근로자가 주인공의식을 갖고 노동하도록 하는 근로자교육 업무를 수행할 것을 요구하고 있다. 이는 노동조합이 기업과 대립적인 관계가 아니라 협력적인 관계에 있음을 보여주는 것이라고 할 수 있다.[64]

근로자는 기업의 사회적 책임에 있어서 가장 중요한 이해관계자 중의 하나라는 점에 대해서는 앞서 언급한 바 있다. 근로자는 기업의 과도한 이윤 추구에 따라 그의 권익이 침해받을 수 있는 위험이 크다. 기업을 상대로 근로자 스스로 권익보호에 나설 수 있으나 근로자는 기업에 비해 역량 면에서 현저한 열세에 있기 때문에 제대로 보상을 받기 어렵다. 때문에 기업의 사회적 책임이 강조되는 오늘 노동조합의 역할이 주목을 받고 있다.

노동조합의 본연의 임무는 근로자의 권익보호에 있다. 그러므로 노동조합은 기업이 근로자에 대하여 적극적으로 사회적 책임을 다할 것을 강구하는 역할을 수행해야 한다. 그러나 독립성을 보장

63· 문무기, 「중국 노동법제 분석을 통한 북한 노동법제의 변화 전망」, 『정책연구』 2003-14, 한국노동연구원, 2003, 112쪽.

64· 문무기, 앞의 논문, 116쪽.

받지 못하는 중국의 노동조합은 분명 그 역할을 수행함에 있어서 한계가 있어 보인다. 따라서 제도적 차원에서 노동조합의 독립성을 확보시킬 수 있는 방안을 모색해야 할 뿐만 아니라, 한편으로 노동조합이 자신의 본연적 역할에 대해 충분히 인식할 수 있도록 유도하는 작업도 필요할 것이다.

제3절
기업의 환경 책임

I. 문제의 제기-스모그 오염

근래 중국의 스모그 현상이 뜨거운 사회문제로 떠오르고 있으며 중국뿐만 아니라 세계적으로 크게 주목받고 있다. 중국기상국의 2013년 11월 브리핑에 따르면, 2013년 중국 전역의 월 평균 스모그 일수는 4.7일에 달해 52년 만에 최다를 기록한 것으로 나타났다. 특히 베이징 · 톈진 등 지역은 월 평균 스모그 일수가 10~15일에 달했을 뿐만 아니라 일부 지역은 20일을 초과하는 스모그 오염이 심각한 수준에 처해있다.[65]

2013년 11월 중국 사회과학원과 중국기상국은 『기후변화 그린북: 기후변화대응보고서(2013)』을 공동 발표하였다. 동 보고서에서는 스모그 오염이 기후, 환경, 건강, 경제 등 여러 방면에 악영향을 미치고 있다고 지적하면서, 특히 사망률의 증가, 만성병 · 호흡

---

65 http://www.ntjt.gov.cn/contents/1670/49471.html.

기 · 심장계통 등 질병의 악화 및 생식능력 · 면역 구조 파괴 등 인체 건강을 위협하고 있음을 밝혔다.[66] 위 보고서는 스모그를 야기한 주범으로 석유화학 에너지 소비의 증가를 꼽으면서 주로 화력발전소의 오염물질 배출, 화학공업 생산, 자동차 배기가스 방출, 난방공급으로 인한 오염이라고 거론하였다.[67] 특히 발전소와 공장 등에서 대량으로 소비하고 있는 석탄 연료가 스모그 오염에 큰 영향을 미치고 있다.

스모그 오염의 심각성을 인식한 정부는 다양한 정책을 펼침으로써 대기오염의 개선을 도모하고 있다. 예를 들어 2012년 12월에 환경보호부, 국가발전개혁위원회와 재정부에서는『중점지역 대기오염방지 '12 · 5'계획』을 공동 발표하여 베이징 · 상하이 등 주요 도시군城市圈에 대해 집중적으로 환경 모니터링을 진행하고 있다. 또한 2013년 9월 10일 국무원에서『대기오염 방지행동 계획안大气污染防治行动规划』을 발표하여, 5년 내에 전국 공기 품질을 전반적으로 개선하고 중오염重污染 날씨를 대폭 감소하며 경진기京津冀(베이징 · 텐진 · 허베이성 지구), 장강삼각구長江三角洲, 주강삼각구珠江三角洲 등 지역의 공기 질을 현저하게 개선할 것을 목표로 하고 있다.[68] 2014년 2월까지 이미 25개 성에서『대기오염 방지행동 계획안』에 관한 구체적인 실시 방안을 발표하였다.[69]

요즘 스모그 현상을 계기로 대기오염이 많은 관심을 받고 있는 것은 현실이지만 중국은 대기오염뿐만 아니라 물오염, 토양오염도

---

66 · http://news.xinhuanet.com/politics/2013-11/05/c_125649970.html.
67 · http://news.xinhuanet.com/politics/2013-11/05/c_125649970.html.
68 · http://www.gov.cn/zwgk/2013-09/12/content_2486773.html.
69 · http://www.gov.cn/ldhd/2014-02/28/content_2625873.html.

심각한 수준이다. 국토자원부에서 발표한『2013 중국국토자원보고서2013中国国土资源公报』에 따르면, 전국 203개 주요도시의 4,778개 검측지점을 대상으로 지하수 수질검사를 실시한 결과 수질기준 5개 등급[70]에서 '비교적 나쁨'과 '매우 나쁨'은 59.6%로, 2011년의 55%, 2012년의 57.4%보다 높은 수치로 나타났다. 이는 중국 지하수 수질이 매년 악화되고 있음을 설명해준다.[71] 또한 환경보호부와 국토자원부는 2005년 4월부터 2013년 12월에 걸쳐 전국 토양오염 상황에 대한 조사를 진행하여『전국 토양오염 상황 조사보고서全国土壤污染状况调查公报』를 공동 발표하였는데, 동 보고서에 의하면 전국토 16.1%가 오염되었고 그 중 중도重度 오염비율이 1.1%에 이른다고 밝혔다.[72]

근래 끊임없이 발생한 환경오염 사건들은 환경에 대한 사회의 관심을 불러일으키는 촉매제가 되었다. 2005년 지린성吉林省 송화강 오염사건은 송화강 주변 지역의 수백만 인구의 생활에 영향을 미쳤다. 이와 비슷한 사례로 2010년 7월 중국 최대 구리 · 금광업체인 즈진광업紫金礦業의 구리광산에서 폐수 유출 사고가 발생해 인근 강 일대를 오염시켰다. 즈진광업은 사고 발생 9일 후에야 비로소 사고 상황을 공개해 언론의 비난을 받은 바 있다. 또한 2013년 11월 칭다오에서 중국석유화학(시노펙) 송유관 폭발사고가 발생하여 62명이 사망하고 136명이 부상당했다.[73]

그동안 중국 기업들은 단기적인 경제이익에만 초점을 맞춘 체

70· 국가기준인『지하수품질기준(GB/T14848093)』에 근거하여 수질기준 등급을 '우수', '양호', '비교적 좋음', '비교적 나쁨', '매우 나쁨' 5개 등급으로 분류한다.

71· http://jingji.21cbh.com/2014/4-24/0MMDA2NTFfMTE0NjU0Mg.html.

72· http://society.people.com.cn/n/2014/0417/c1008-24910096.html.

73· http://news.zhulong.com/read185930_5.htm.

환경보호를 등한시하여 불법적으로 폐수 · 폐기 등 오염물질을 배출하거나 자원을 무분별하게 개발함으로써 환경오염을 악화시켜 왔다. 계속 불거지는 환경오염 문제에 대해 사람들의 우려는 갈수록 커져가고 있으며 삶의 질에 대한 요구가 높아짐에 따라 일반대중들은 기업이 환경적 책임을 질 것을 강구하고 있다. 아래에서는 기업의 환경적 책임에 대해 살펴보고, 국제 및 중국의 환경입법을 논의하면서 선진국의 실천 경험을 바탕으로 기업의 환경책임을 강화하는 법적 개선책을 모색하고자 한다.

Ⅱ. 기업의 환경적 책임

1. 환경문제의 발생

기업 활동은 경제 성장이라는 달콤한 과실을 수확하였지만 한편으로는 환경문제의 부정적인 결과를 초래하기도 하였다. 환경문제는 중국뿐만 아니라 전 세계가 직면한 문제이기도 하다. 기업의 생산경영 활동이 환경문제를 야기하는 주요 원인이라는 점에 대해 의심할 바 없다. 환경문제가 사회의 관심을 받으면서 사람들은 환경에 대한 기업의 사회적 책임에 눈길을 돌리기 시작하였다. 사람들이 최초로 환경문제에 눈을 뜨기 시작한 것은 1962년 레이철 카슨Rachel Carson의 『침묵의 봄Silent Spring』이라는 책에서 살충제 농약의 위험성이 강조되고 환경오염의 심각성이 알려진 것이 계기가 되었다. 그 후 20세기 60, 70년대에 시작된 환경보호운동, 소비자운동, 노동조합운동 등 기업의 사회적 책임 운동으로부터 기업은

환경적 책임을 지도록 큰 압력을 받았다.[74]

2. 기업의 환경적 책임의 개념 및 적용

기업의 환경적 책임은 기업의 사회적 책임 영역 중 환경에 대한 기업의 사회적 책임을 말한다. 미국의 윤리경제학자인 조지 인더를Georges Enderle은 환경적 책임이란 기업을 지속가능한 발전에 이바지하는 것, 즉 보다 적은 자원을 소모하고 환경이 보다 적은 폐기물을 부담하게 하는 것이라고 설명하였다.[75]

1976년에 채택된 『경제개발협력기구 다국적기업 가이드라인(2000년 개정)』에서는 "기업은 응당 진출국의 법령 및 행정관행의 기본틀 안에서 관련된 국제협약, 원칙, 목표, 기준을 고려하여 환경, 공중 보건 및 안전을 보호 할 필요성과 지속가능한 개발이라는 보다 넓은 목표에 기여할 수 있는 방식으로 전반적인 기업 활동을 수행할 필요성을 고려해야 한다"고 강조하였다. 이는 기업의 환경적 책임을 명확하게 제시한 것이다.

기업의 환경적 책임의 내용에 관한 글로벌 기준 중에서는 CERES(환경책임경제연맹)원칙이 대표적이다. 미국에서 발생한 최악의 환경 재난으로 꼽히는 엑손 발데즈Exxon Valdez사건[76]을 계기로 널리 알려진 CERES 원칙은 1988년 미국의 사회적 책임투자 포럼의 주도로 제정되었다. 아래와 같이 기업들이 보다 나은 환경성과를 이

---

74. 彭華崗, 앞의 책, 7쪽, 134쪽.

75. [美] 喬治 · 恩德勒, 高國希 · 吳新文譯, 『面向行動的經濟倫理學』, 上海社會科學院出版社 2002, 230쪽.

76. 1989년 3월 초대형 유조선인 엑손 발데즈호가 알래스카 근처에서 좌초되면서 대량의 원유가 바다로 유출되어 바다를 오염시킨 사고이다.

룩하기 위해 지켜야 할 10가지 원칙(<표 7> 참조)을 담고 있다.[77]

〈표 7〉 CERES 원칙

생물권의 보호	우리는 공기, 물, 지구 혹은 지구상의 생명체에 환경적인 피해를 끼칠 수 있는 물질을 방출하지 않도록 노력할 것이다. 우리는 효율적인 사용이나 주의 깊은 계획을 통하여 재생 불가능한 천연자원을 보존할 것이다.
천연자원의 지속가능한 사용	우리는 물이나 토양, 삼림 같은 재생가능한 천연자원을 지속가능한 방법으로 사용할 것이다. 우리는 효율적인 사용이나 주의 깊은 계획을 통하여 재생 불가능한 천연자원을 보존할 것이다.
폐기물방출의 최소화 및 처리 방법	우리는 폐기물을 줄이고, 재활용을 최대화함으로써 폐기물을 최소화할 것이다. 모든 폐기물은 안전하고 책임 있는 방법으로 조정, 처리될 것이다.
에너지 보존	우리는 에너지를 보존할 것이고, 내부 활동과 우리가 생산하는 재화와 서비스의 에너지 효율성을 높일 것이다. 우리는 환경적으로 안전하고 지속가능한 에너지원을 만들기 위해 최선을 다할 것이다.
리스크 감소	우리는 종업원들과 기술과 시설, 일의 과정, 그리고 응급상황의 대처 방법을 통해 지역사회의 환경, 건강, 그리고 안전상의 위험을 최소화하기 위해 노력할 것이다.
안전한 제품과 서비스	우리는 환경적 피해를 끼치거나 건강 혹은 안전상 위험을 야기할 수 있는 재화나 서비스의 사용과 생산을 줄이거나 아예 금지 시킬 것이다. 우리는 고객들에게 제품이나 서비스가 끼치는 환경적 영향에 대해 알려주고, 안전하지 않은 사용 방법을 바로 잡아 주기 위해 노력할 것이다.
환경적 복원	우리는 즉각적으로, 또 책임감 있게 우리가 일으킨 건강, 안전, 그리고 환경을 위협할 수 있는 상태를 바로 잡아야 한다. 우리가 사람들에게 야기한 피해나 환경에 끼친 피해를 적절한 수준으로 제거하고 환경을 복원할 것이다.
대중에 통고	우리는 건강, 안전, 환경을 위협할 수 있는 상태에 의해 영향 받을 수 있는 모든 사람에게 시의적절한 방법으로 그 사실을 알려 줄 것이다. 우리는 정기적으로 우리의 시설 가까이에 있는 지역사회 주민과 대화를 통해 조언을 구하고 상담할 것이다. 우리는 경영진이나 운영위원들에게 위험한 사건이나 상황을 보고해야 할 경우에도 종업원의 뜻에 거스르는 행동은 절대 하지 않을 것이다.
경영책임	우리는 이상의 원칙을 이행하고 이사회와 CEO가 관련 환경 이슈에 대해 충분한 정보를 가지고 환경정책에 책임감을 갖도록 하는 과정을 유지할 것이다. 이사회 선발과정에서도 환경 책임에 대한 자각을 증명하고 이에 대한 실행을 중요한 요소로 고려할 것이다.

77· 환경부, 「녹색금융 마스터플랜 수립 및 녹색금융지원 기업평가 시스템 개발」, 2010.05, 46쪽.

감사와 보고	우리는 해마다 이 원칙들의 적용을 통해 발전한 상황을 자체적으로 평가하고 보편적으로 받아들여지는 환경 감사 절차의 시의적절한 수립을 지지할 것이다. 또한 해마다 대중이 참고할 수 있는 CERES보고서를 출간할 것이다.

기업의 사회적 책임에 대한 정의가 다양한 만큼 기업의 환경적 책임에 대해서도 아직 보편적으로 받아들일 수 있는 통일적인 개념은 없다. 그러나 기업의 환경적 책임이 기업의 사회적 책임의 일부분이란 점에 대해서는 합의가 되고 있다. 기업의 환경적 책임은 레이철 카슨의 정의와 CERES원칙을 종합해 볼 때, 기업의 환경적 책임을 기업이 지속가능한 발전을 목표로 환경을 보호하고 합리적으로 사용하는 책임이라고 할 수 있겠다.

Ⅲ. 중국에서 환경적 책임에 관한 정책 추이[78]

1. 1970년대

1949년 사회주의 중국이 창립된 이래 중국은 상당 기간 동안 환경 문제를 외면하고 환경보호에 대하여 소홀히 취급해왔다. 그러나 1972년 6월 스웨덴의 수도 스톡홀름에서 개최된 유엔인간환경회의United Nations Conference on the Human Environment에 참석한 것을 계기로 중국은 차츰 환경문제를 인식하고 일련의 환경보호 정책을 실시하였다. 국무원은 1973년 제1차 전국환경보호회의를 개최하였으며,

---

78· 彭華崗, 앞의 책, 137~138쪽.

1974년에는 국무원 환경보호 지도소조를 설립하는 등 환경보호운동을 본격적으로 전개하였다. 또한 1978년 2월 헌법에서는 국가는 환경과 자연자원을 보호하고 오염과 기타 공해를 방지한다는 내용을 최초로 규정하면서 국가차원에서 환경보호에 나설 것을 호소하였다. 그러나 이 시기의 환경보호는 거시적인 차원에만 머물고 기업의 환경문제는 그다지 주목받지 못 했다.

2. 1980년대

중국의 첫 환경보호법인 해양환경보호법이 1982년에 공포되었다. 동법은 환경보호문제를 법제화하였다는 점에서 큰 의의가 있지만 해양환경보호에 있어서 기업의 역할 또는 기업의 환경적 책임에 대한 언급은 없었다. 그 후 1989년, 중국은 환경보호법을 제정 · 공포하고 기업의 환경 문제와 그에 따른 기업의 책임에 관한 규정을 두었다. 예를 들어 동법 제24조[79] 에서는 환경오염과 기타 공해를 유발하는 기업에서는 환경보호 책임제도를 실시하고, 유효적인 조치를 취하여 생산 활동에서 발생하는 폐기, 폐수, 방사성물질, 소음 등의 환경오염을 예방할 것을 요구하였다. 또한 동법 제25조[80] 에서는 기업에서 자원 이용률을 높이고 오염물질 배출량을 줄이는 친환경적인 설비 및 기술을 사용할 것을 요구하고였다. 환

79 · 환경보호법 제24조, "환경오염과 기타 공해를 유발하는 기업은 환경보호 사업계획을 세우고 환경보호 책임제도를 구축한다. 유효적인 조치를 취하여 생산 건설 또는 기타 활동에서 발생하는 폐기, 폐수, 폐기물, 분진, 악취기체, 방사성물질 및 소음, 진동, 전자파 방사 등 환경에 대한 오염과 위해를 방지해야 한다."

80 · 환경보호법 제25조, "신설 공업기업과 기존 공업기업의 기술 개조는 자원 이용률이 높고 오염물 배출량이 적은 설비와 공예를 사용하고 경제적이고 합리한 폐기물 종합 이용 기술과 오염물 처리기술을 응용해야 한다."

경보호법에서는 기업의 환경문제 즉 기업의 폐기, 폐수, 폐기물 등 환경오염문제를 직시하였으며 그에 대한 기업의 책임을 명시하였다. 이는 중국이 기업의 환경적 책임에 주목하기 시작했음을 말해준다.

3. 1990년대

1990년대 중반에 들어 중국의 환경오염 등 사회문제들이 부상하기 시작하자 기업의 사회적 책임은 중국 사회의 큰 관심사로 떠올랐다. 또한 서방국가의 '수출 녹색장벽'은 기업의 환경적 책임이 중국에 정착되는 중요한 계기를 마련하였다. '수출 녹색장벽'은 중국 제조업체에게 커다란 수출 장애 요인으로 작용하였고, 이에 중국은 환경보호를 더욱 강화하여 '수출 녹색장벽'을 넘기 위한 노력을 기울였다.

한편 1992년 중국공산당 중앙위원회와 국무원은 『중국 환경과 발전 10대 정책中国环境与发展十大对策』을 발표하였는데 동 문서 중 기업의 환경문제 및 환경적 책임과 관련된 내용들로는 공업오염의 예방, 에너지 자원 이용률의 제고, 경제조치를 통한 환경보호 등이 있다. 그 후 중국은 일련의 환경보호 관련 법령의 개정 작업에 착수하였다. 예를 들어 1995년에는 대기오염방지법과 고체폐기물환경오염방지법 등을 개정하였고, 1996년에 물오염방지법, 환경소음오염방지법 등을 개정하였다. 이와 같은 법령 개정을 통하여 '에너지 절약과 배기량 감소节能减排'와 환경오염방지 및 개선 등 면에서 기업의 환경적 책임을 강구하였다.

4. 2000년대 이후

이 시기에는 '사람을 근본으로 삼는다', '조화로운 사회'와 '과학발전관' 등 정치이념이 제기되었다. 그 핵심은 지속가능한 발전, 사회적 · 경제적 평등과 정의의 실현에 있었으며, 이러한 정치이념 하에 기업의 사회적 책임은 더욱 강조되었다. 이에 따라 환경보호와 지속가능한 발전의 측면에서 기업의 환경적 책임에 대한 목소리가 더욱 높아졌다. 이에 2002년 11월 개최된 중국공산당 제16차 전국대표대회에서는 환경보호를 국가시책으로 삼겠다는 방침이 제기되었다. 2006년 3월 14일 제10차 전국인민대표대회 제4차 회의에서 통과된 『국민 경제와 사회발전 제11차 5개년 계획』에서는 자원 절약을 국가시책으로 하며 자원 절약 · 친환경 사회를 건설할 것을 재차 천명하였다. 또한 2014년 제12차 전국인민대표대회 제8차 상무회의에서 환경보호법 개정안(이하 개정 환경보호법)이 통과되었으며 2015년 1월 1일부터 정식으로 시행되었다. 개정 환경보호법은 동법이 1989년에 시행된 이래 25년 만에 처음으로 개정된 것이며 '중국 사상 가장 엄격한 환경보호법'으로 평가받고 있다.

Ⅳ. 환경보호법 개정

중국에서는 그동안 환경보호법이 시대 발전의 요구에 부합되지 못하므로 개정해야 한다는 의견이 계속 제기되어 왔다.[81] 이에

81· 1995년 제8차 전국인민대표대회 제3회의에서부터 2012년 제11차 전국인민대표대회 제5차

대안적으로, 개정 환경보호법에서는 환경보호를 국가시책으로 삼는다는 명문의 규정[82] 을 두었다. 또한 환경보호에 있어서 정부의 역할과 책임을 대폭 강화하는 등 내용 면에서 상당한 변화를 가져왔다. 개정 환경보호법은 총 7장 70조로 이루어졌는데, 주요 개정 내용을 보면 다음과 같다.

1. 기업의 환경적 책임 명시

기업은 환경오염과 생태파괴를 예방하고 감소시킬 의무가 있으며 오염으로 인한 손해에 대해 책임을 부담하여야 한다(개정 환경보호법 제6조). 또한 오염물질을 방출하는 기업은 환경보호 책임제를 실시하여 기업 책임자와 관련 인원의 책임을 명확히 하여야 한다(개정 환경보호법 제42조 제2항). 오염물 배출 중점기업은 국가에서 정한 관련 규정과 모니터링 규범에 따라 환경모니터링 장비를 설치하고 모니터링 장비의 정상적인 운행을 보장하며 원시 모니터링기록을 보관해야 한다(개정 환경보호법 제42조 제3항).

한편 개정 환경보호법은 환경오염 기업에 대한 처벌이 경미하다는 점을 보완하여 처벌 강도를 크게 강화하였다. 예를 들어 기업이 환경 관련 위법행위에 대한 시정조치 명령을 따르지 않을 경우, 시정조치를 내린 다음날로부터 일수에 따라 연속 벌금을 계산하여 부과한다(개정 환경보호법 제59조). 이는 기존의 벌금 상한제를 취소하고 기

회의까지 타이완 대표단과 하이난(海南) 대표단은 환경보호법 개정의안 78건을 제기하였다. http://www.chinalawedu.com/web/21611/wa2014042809084585824759.shtml

82 개정 환경보호법 제4조, "환경보호는 기본국책이다. 국가는 자원을 절약하고 순환이용하며, 환경을 보호하고 개선하며, 사람과 자연의 조화를 촉진시키는 경제 및 기술 정책과 조치를 실시하여 사회경제발전과 환경보호의 조화를 이루도록 해야 한다."

업의 위법으로 인한 기회비용을 대폭 증가시켜야 한다는 대중의 의견을 반영한 것으로 보인다.

2. 오염 현황에 대한 정보공개 확대

개정 환경보호법에서는 제5장 '정보공개와 공중참여'를 신설하여 일반 대중들의 기업과 정부에 대한 감독을 강화하였다. 동법 제53조에서는 공민, 법인과 기타 조직은 법에 의해 환경 정보를 획득하고 환경보호에 참여하거나 감독할 권리가 있다고 규정하고 있다.

국무원 환경보호 주관부처에서는 전국 환경품질, 중점 오염원 모니터링 정보와 기타 중대한 환경 정보를 공개해야 한다(개정 환경보호법 제54조 제1항). 또한 현급縣級 이상 정부의 환경 관련 부처에서는 환경품질, 환경 모니터링, 돌발성 환경오염 사태와 환경 관련 행정정보를 공시해야 한다(개정 환경보호법 제54조 제2항). 오염물 배출 중점기업은 주요 오염물 명칭, 배출 방식, 기준 초과 배출상황, 환경오염시설의 건설 및 운행 등 상황을 사회에 공개해야 한다(개정 환경보호법 제55조).

3. 환경공익소송 도입

중국은 소비자와 환경의 보호문제를 해결하기 위하여 2012년 민사소송법 개정을 통하여 공익소송제도를 도입하였다. 그러나 기관이나 조직에 한하여 공익소송을 제기할 수 있으나 개인의 참여는 전적으로 배제되어 있다.[83] 그 일례로 2014년 4월 란저우시兰州市에서 기준 이상의 벤젠이 검출되어 수돗물 공급이 중단되는 사태가 벌어져 시민 대표 5명이 수도회사를 상대로 공익소송을 제기하였다. 그러나 법원은 개인이 공익소송 주체자격이 없다는 이유로 소송을 기각하였다.

이에 비해 개정 환경보호법에서 민간단체가 기업을 상대로 직접 공익소송을 제기할 수 있도록 마련한 것은 환경법제의 큰 변화라고 할 수 있다. 개정 환경보호법 제58조에서는 환경오염을 유발하거나 생태를 파괴하거나 사회공익을 해하는 행위에 대하여 민간단체는 소를 제기할 수 있다고 규정하였다. 아울러 공익소송을 제기할 수 있는 민간단체는 ①구區를 설치한 시급 이상의 관련 정부부서에 등록되어야 하며, ②5년 이상 환경보호 공익활동에 참여하고 위법행위 기록이 없어야 하는 2가지 요건을 만족시켜야 원고자격이 주어진다. 이는 민사소송법에 비해 환경 공익소송주체의 범위를 확대한 것이다. 민간단체를 환경공익소송에 참여시키는 것은 환경 감시를 더욱 강화하는 데 그 목적이 있는 것으로 풀이된다.

전반적으로 개정 환경보호법은 세계 선진 입법례를 참고하여 환경공익소송제도, 정보공개제도, 공중참여제도 등에 관한 규정을 신설한 점에서 높이 평가하고 있다.[84] 이러한 제도의 도입은 중국 정부가 편면적인 경제성장에서 벗어나 환경보호에 힘을 기울겠다는 굳건한 의지를 보여주기도 한다. 따라서 향후 중국의 환경 법제는 기업의 환경적 책임을 끊임없이 강화하는 쪽으로 발전할 것으로 판단된다.

83· 민사소송법 제55조, "환경오염을 유발하거나 다수 소비자의 합법적인 권익을 침해하는 등 사회공익을 해하는 행위에 대하여 법률이 규정한 기관과 관련 조직은 인민법원에 소를 제기할 수 있다."

84· http://www.cssn.cn/fx/201405/t20140506_1149061.shtml.

제4절
문제점 및 개선책

멜라민 분유사건, 팍스콘 연쇄자살사건, 스모그 오염 등 사례로부터 기업의 비윤리적 경영활동이 소비자, 근로자, 환경 등 이해관계자들에게 끼치는 커다란 피해에 대해 살펴보았다. 이와 같은 사례들이 언론매체를 통해 사회 이슈화되면서 일반대중들은 기업의 사회적 책임에 높은 관심을 보이고 있으며 기업이 야기한 사회문제에 대해 책임을 질 것을 요구하고 있다. 한편 중국 정부는 이해관계자들의 이익을 보호하고자 다양한 법령들을 마련하였으며, 제2장 제2절의 〈표 2〉와 같이 소비자권익보호법, 노동법, 환경보호법 등 법령을 대표로 하는 이해관계자 보호법체계를 정비해왔다. 이러한 법령들은 기업이 소비자, 근로자, 환경 등 개별 이해관계자들에 대해 부담해야 하는 사회적 책임을 부분적으로 다루고 있다.

기업의 사회적 책임과 관련하여 이해관계자들 중에서도 근로자, 소비자 및 환경에 대한 사회적 책임 문제가 가장 중요하게 논의되고 강조되고 있음을 앞서 설명하였다. 이는 그만큼 사회로부터 큰 관심을 받고 있음을 말해준다. 그 이유를 살펴보면, 우선 근로자, 소비자 및 환경은 기업의 과도한 이윤 추구에 따라 그 이익이 침해받을 수 있을 수 있는 위험이 상대적으로 높으며, 근로자, 소비자 및 환경에 대한 사회적 책임은 여타의 사회적 책임에 비해 파급효과가 크다는 데 있다. 즉 주주, 채권자 등 이해관계자는 대부분 소규모의 그룹을 이루고 있는 반면, 근로자, 소비자 및 환경은 그 대상이 불특정이고 다수라는 특징이 있어, 그에 대한 사회적 책임이 제대로 수행되지 않을 경우 심각한 사회문제로 부각되지 쉽기 때문이다.

다음으로 근로자, 소비자 및 환경에 대한 기업의 사회적 책임은 근로자, 소비자 및 지역주민들의 인권과도 연결되는 문제이다. 위 사례에서 보듯이 멜라민 분유사건의 경우에는 기업이 하자있는 제품을 생산 · 판매하여 소비자의 안전할 권리를 침해하였고, 팍스콘 연쇄자살 사건의 경우에는 열악한 근로환경과 처우로 인해 근로자의 기본적인 권익조차 보장받지 못 하고 있다. 스모그 오염의 경우에는 주민들의 신체적 건강과 안전에 위협을 주고 있는 바, 생명안전권 등 인간으로서의 기본적 권리를 보장하기 위하여 근로자, 소비자 및 환경에 대한 사회적 책임의 중요성이 부각되는 것이다.

이해관계자들의 기본권익은 헌법[85], 민법통칙[86] 및 기타 이해관계자 관련 법령에 의해 보호되고 있다. 이해관계자들의 기본권익을 보장하는 것은 기업의 법적 책임으로서 기업이 부담해야 하는 가장 기본적인 사회적 책임이다. 법마저 제대로 지키지 않은 기업에게 사회적 책임을 수행할 것을 기대하기는 어렵다. 그러나 보시다시피 중국 기업은 이윤 극대화를 위하여 법령을 무시한 채 불법경영을 함으로써 소비자, 근로자, 환경 등 이해관계자들의 이익을 해하는 현상이 심각할 정도에 이르고 있다. 다라서 기업이 초래한 해악을 해소하기 위해서는 법의 집행을 강화하고 기업의 준법의식을 제고하는 것이 시급하게 요구된다.

이와 관련하여 중국 기업은 아직 사회적 책임 인식이 결핍하다는 점과 소비자단체, 노동조합 등 이해관계자단체는 정부 또는 회

85 · 현행 헌법 제33조에서는 국가는 인권을 존중하고 보장한다고 규정하고 있다.
86 · 현행 민법통칙 제98조에서는 공민은 생명 안전권을 가진다고 규정하고 있다.

사로부터 자유롭지 못한 관계로 독립성이 약해 감독 기능을 충분히 발휘하지 못한다는 점을 고려할 때, 준법경영 내지 사회적 책임의 이행을 시장에 의한 규제, 즉 기업의 자율과 이해관계자단체의 감독에만 맡기기에는 어려움이 있다. 따라서 기업 활동으로부터 이해관계자들의 권익을 보호하기 위해서는 정부의 감독 및 유도 역할이 사뭇 중요하며 그 역할을 크게 다음의 두 가지로 생각해 볼 수 있다.

한 가지는 기업의 불법행위에 대한 처벌 강도를 높이고 조사 및 적발을 강화하는 것이다. 이러한 발상은 기업의 위법활동에 대한 법적 처벌 수위를 높여 위법비용을 증가시키자는 것이다. 경제활동의 일부분으로서 기업이 사회적 책임을 부담하는 것은 이해득실을 계산한 결과이다.[87] 즉 기업은 위법활동으로 인한 수익과 비용을 비교하여 법령 준수 여부를 결정하는데, 수익에 비해 위법비용이 낮으면 기업이 법적 책임을 성실하게 수행하려하지 않는다는 것이다. 따라서 기업이 자발적으로 법령을 준수하여 이해관계자의 이익을 보호하도록 유도하려면 처벌 수준을 강화하여 위법비용을 증가시켜야 한다. 그 일례로 2015년 1월 1일부터 정식 발효되는 개정 환경보호법에서는 환경오염기업에 대한 처벌 강도를 대폭 강화하였다. 예를 들어 기존의 벌금 상한선을 폐지하고 위법일수에 따라 벌금을 누적 산정하는 방식을 택하였다. 한편 기업의 불법행위에 대한 조사와 적발도 강화하여야 한다. 처벌 강도를 아무리 높인다고 하여도 불법행위에 대한 조사와 적발이 제대로 이

87· 王燕莉, 「論企業社會責任的實現路徑」, 『2009中國商法年刊 : 商法視野中的社會責任』, 知識產權出版社, 2009, 302쪽.

루어지지 않는다면 위험비용의 지출 확률이 낮아져 법령 준수의 동기 또한 약해지기 때문이다.

다른 한 가지는 다양한 방법으로 기업이 법령을 준수하고 사회적 책임을 수행하도록 유도하는 것이다. 기업이 소비자, 근로자, 환경 등 이해관계자들의 요구에 부응하도록 유도하기 위한 법령, 정책 등 제도적 뒷받침도 중요하지만, 기존의 법령, 정책에 대한 교육과 홍보 등을 통하여 기업에게 이해관계자들의 이익을 적극적으로 보호해야 할 필요가 있다는 공감대를 형성시키는 것도 중요하다. 구체적인 방법으로는 법제교육 외에도 중국사회과학원의『기업의 사회적 책임 청서』와 같은 기업의 사회적 책임 평가보고서 등을 통해 우수사례를 표창하고 홍보하는 방안이 있다. 또한 언론매체를 통해 근로자 권익보호, 제품품질 보장, 환경오염 방지 등 면에서 기업의 사회적 책임을 위반하는 나쁜 사례들을 공개함으로써 준법경영 내지 사회적 책임의 이행에 있어서 기업의 자발성과 적극성을 제고하는 효과를 기대할 수 있다.

그런데 과연 기업이 법에서 정한 이해관계자들에 대한 보호 규정만 제대로 준수하면 기업이 사회적 책임을 다 이행했다고 볼 수 있는가 하는 문제가 여전히 남아있다. 기업의 그 어떠한 경영활동도 법령의 테두리 안에서 합법적인 선에서 이루어져야 하는 것은 더 말할 나위가 없다. 그러나 기업의 사회적 책임에는 법적 책임 외에도 경제적 책임, 윤리적 책임, 자선적 책임 등을 포함하고 있다. 따라서 기업이 사회로부터 인정받기 위해서는 법적 책임뿐만 아니라 윤리적 책임과 자선적 책임이 요구되는 것이 현실이다. 따라서 기업은 경영활동 중에서 예를 들어 소비자에 대해서는 양질의 제품 또는 서비스를 제공한다든지, 근로자에 대해서는 근무

환경과 대우를 제고한다든지, 지역사회에 대해서는 공해방지와 사회 기부를 한다든지 등 그와 밀접한 이해관계가 있는 이해관계자들의 이익을 증진시키기 위해서도 힘을 기울여야 할 것이다. 물론 기업의 이러한 노력은 법령을 제대로 준수하는 토대 위에서 이루어져야 한다.

05

결론

최근 기업의 사회적 책임CSR이라는 용어가 중국 언론매체에서 자주 등장하고 있다. 그만큼 기업의 사회적 책임 문제는 정부, 기업 내지 일반대중들로부터 깊은 관심을 받고 있다는 것을 의미한다. 기업의 사회적 책임의 실천에 대해 중국 정부는 제품안전, 노동분쟁, 환경오염 등 날로 부각되는 사회문제를 해결할 수 있는 대안으로 판단하고 있다. 기업의 경영자들은 회사 이미지의 개선을 통해 효과적인 이익을 창출하는 것을 경영전략으로 삼고 있다. 또한 일반대중들 역시 기업이 야기한 사회 해악을 해소하기 위한 노력과 기업의 경제적 능력에 맞게 사회 환원이 가능해야 한다고 생각하고 있다.

기업의 사회적 책임론은 1990년대부터 중국에서 학문적으로 연구되기 시작하였다. 중국에서 독자적으로 발생한 이론은 아니고 미국을 비롯한 서방 선진국으로부터 도입된 것이므로, 중국에서는 주로 서구의 이론과 경험을 바탕으로 연구가 전개되고 있다고 할 수 있다. 기업의 사회적 책임의 일반론에 대한 논의에서 자주 제기되는 문제는 기업의 사회적 책임이 과연 무엇인지, 그의 법적 성질은 무엇인가 하는 것이다.

이 책에서는 우선 기업의 사회적 책임의 개념에 대해서는 기업이 주주이익의 극대화를 추구하는 동시에 기업 경영에 있어서 주주외의 기타 이해관계자들의 이익을 고려해야 한다고 보았다. 이해관계자는 포괄적인 개념으로서 넓은 의미에서는 주주, 채권자, 근로자, 소비자, 지역사회 나아가 사회 전체를 모두 포함하는 것으로 보았다.

다음으로 기업의 사회적 책임의 법적 성질에 관해서는, 기업의 사회적 책임이란 기업이 이해관계자들을 위해 일정한 행위를 하거나 하지 않는 것, 즉 작위 또는 부작위를 뜻하므로 기업의 사회적 책임에서의 '책임'은 중국법의 개념상 '의무'에 가까운 뜻을 의미한다고 분석하였다. 또한 중국 법학자들은 기업의 사회적 책임에는 도덕적 책임과 법적 책임을 모두 포함하고 있다고 보는 것이 주된 견해이다. 이러한 견해는 기업의 사회적 책임에 대한 중국의 입법실천과도 관계된다.

2005년 중국 회사법 제5조 제1항에서는 "회사는 경영활동을 함에 있어 반드시 법률과 행정법규를 준수하여야 하고, 사회 공공도덕과 상업도덕 및 신의성실의 원칙을 지켜야 하며, 정부와 사회공중의 감독을 받고 사회적 책임을 져야 한다"고 규정함으로써 처음으로 법률의 형식으로 기업의 사회적 책임을 명시하였다. 중국에서 기타 국가에 비해 쉽게 기업의 사회적 책임을 수용한 것은 경제의 급격한 성장에 따른 심각한 사회문제와 이를 해결하기 위한 '사람을 근본으로 삼는다', '조화로운 사회', '과학발전관' 등 중국식 지속가능한 발전의 정책 기조와 관련이 있어 보인다. 중국 정부는 회사법, 소비자권익보호법, 노동법, 환경보호법 등 다양한 입법과 정책을 통하여 채권자, 소비자, 근로자, 환경 등 이해관계자들의 이익을 위한 기업의 사회적 책임을 유도하고 있는데, 정부의 주도로 기업의 사회적 책임이 확산되는 것은 중국 특색이라고 할 수 있으며, 이는 한편으로 중국 정부가 전략적인 수단으로 기업의 사회적 책임을 활용하고 있음을 설명해준다.

기업의 사회적 책임이행 면에서 국유기업, 특히 중앙기업을 선두로 하여 중국 기업은 비교적 큰 발전을 가져왔으나, 전반적으로 볼 때 아직까지는 만족스럽지 못한 수준이다. 이 책에서는 기업의 사회적 책임이 부진한 이유에 대하여 기업, 정부와 시민사회 등 세 가지 측면에서 분석해보았다. 기업의 경영자들은 여전히 사회적 책임에 대한 인식이 결핍하고, 일반대중과 사회단체는 그 역량이 박약하여 감독 역할을 충분히 수행하지 못 하고 있다. 정부 특히 지방정부는 경제발전을 우선시하여 기업의 사회적 책임에 대한 유도와 추진 역할이 부족하다는 것을 살펴보았다. 따라서 기업의 사회적 책임을 활성화하기 위해서는 기업, 사회단체와 정부 3자간의 상호협력이 원활하게 이루어져야 하는 바, 그 중에서 기업의 사회적 책임에 대한 법 규정은 기업이 사회적 책임을 이행함에 있어서 굳건한 보장이 될 것이다.

이러한 인식을 바탕으로 기업 활동의 기본법인 회사법상의 기업의 사회적 책임에 대해 살펴보았다. 우선 기업의 사회적 책임에 대한 일반규정인 중국 회사법 제5조와 관련하여, 해당 규정과 그에 대한 유권해석은 개괄적이고 추상적이라는 문제점을 갖고 있다. 따라서 중국 회사법상의 기업의 사회적 책임을 이해하는 데 참고가 되기 위해 학리적 해석學理解釋으로부터 접근하였다. 이에 따라 중국 회사법 제5조에서는 기업의 사회적 책임의 네 가지 구성 요소인 경제적 책임, 법적 책임, 윤리적 책임, 자선적 책임을 모두 포함하고 있다고 판단하였다.

또한 기업의 사회적 책임에 대한 일반규정을 재판 근거로 삼을 수 있는지 여부에 대하여 아직 통일된 견해를 이루지 못한 상태임을 살펴보았다. 일부 학자들은 판사의 자유재량권에 의해 기업의 사회적 책임에 대한 일반규정이 재판 기능을 한다고 주장하고 있다. 그러나 이에 반대하는 학자들이 주장하는 근거는 ①중국의 사법 실무상 원칙적 규정을 재판 근거로 하는 경우가 드물다는 점, ②판사의 자유재량권이 커서 회사의 자치를 해할 수 있다는 점, ③판사들의 상업판단능력이 결핍하다는 점이 있다. 이외에도 실무상 중국 회사법 제5조를 인용하여 내린 판결을 찾아보기 힘들다는 점을 고려해 볼 때 기업의 사회적 책임의 일반규정을 재판 근거로 하기에는 어려움이 있어 보인다. 이러한 곤란한 문제점을 해결하기 위해서는, ①국내법, 국제법, 정부의 지침, 업계 기준 등 관련 규정을 통해 기업의 사회적 책임의 내용을 구체화하고, ②최고인민법원의 『중국재판사례집』을 활용하여 재판의 기준을 확립하며, ③기업의 사회적 책임 관련 전문법을 제정하여 기업의 사회적 책임을 규율하는 대책을 생각해 볼 수 있다.

다음으로 사회적 책임의 이행은 기업의 주요 경영자인 이사의 역할과 분리되어 이해하기 어렵다. 따라서 이사가 공익적 의사결정을 내릴 경우 이를 이사의 신인의무 위반으로 볼 수 있는가 하는 문제는 회사법상 기업의 사회적 책임에 대한 주요 논의 주제가 된다. 이 문제를 해결하기 위해 우선 이사는 누구에게 신인의무를 지는지에 대해 검토해보았다. 중국 현행 회사법은 이사가 회사에 대하여 충실의무와 근면의무를 진다고 규정하고 있으므로 이사의 신인의무의 대상을 주주 또는 기타 이해관계자로 보기 어렵다. 따라서 이사의 공익적 의사결정이 회사의 이익에 해가 되지 않는다면 이사의 신인의무 위반이 아니다. 여기서 파생되는 문제로서 '회사 이익'이 무엇을 의미하는가라는 의문이 제기된다. 즉 회사의 이익을 주주이익의 집합체로 볼 것인지, 아니면 주주이익 외에 기타 이해관계자의 이익을 포괄한 것으로 볼 것인지 하는 문제이다. 전통적인 회사모델을 고수하고 있는 미국과 한국에서는 회사의 이익과 주주이익이 동일시되고 있는 반면, 중국의 경우에는 회사의 이익을 주주 외의 기타 이해관계자들의 이익까지 포함한 집합체로 보는 경향이 있다. 이러한 인식은 공동의사결정제도 등 기타 이해관계자들의 이익을 보호하기 위한 중국 회사법의 규정에서도 엿볼 수 있다. 따라서 중국에서 기업의 사회적 책임은 회사가 주주의 이익에 다소 손해를 끼치더라도 일정한 범위 내에서 주주 외의 기타 이해관계자들의 이익까지 고려할 것을 요구하는 것으로 이해할 수 있다.

또한 기업의 사회적 책임은 이사가 회사를 경영함에 있어서 그 책임을 면제받을 수 있는 방편으로 활용되기도 한다. 이사는 사회적 책임이라는 구실로 합리적인 범위 내에서 자유로이 회사이익을 배분할 권한이 있으므로 이사에게 일종의 자유재량권이 부여된 셈이다. 기업의 사회적 책임을 보다 활성화시키기 위해서는 필요한 부분이다. 이와 관련하여 중국의 실무에서는 미국의 사법기준으로 활용되고 있는 '경영판단의 원칙'을 적극적으로 도입하는 것을 검토해 볼 필요가 있다. 즉 기타 이해관계자의 이익을 위한 이사의 공익적 의사결정이 주주이익에 영향을 미치더라도, 이사의 사회적 책임이행이 합리적 근거에 의한 것으로 판단된다면 경영판단의 원칙에 따라 이사의 책임을 면제시킨다는 것이다.

이처럼 기업의 사회적 책임에 따라 이사의 회사에 대한 책임이 감소되는 반면, 이해관계자에 대한 이사의 의무는 확대되고 있다. 하지만 중국 현행 회사법상에서는 기타 이해관계자들에 대한 이사의 의무와 책임에 대한 규정이 아직 마련되어 있지 않다. 따라서 이사가 의사결정을 함에 있어서 이해관계자들의 이익을 고려해야 한다는 미국 펜실베니아주 제정법과 비슷한 규정을 신설하거나 한국 상법상의 이사의 제3자에 대한 배상책임제도를 도입하는 것이 좋은 방안이라고 생각된다.

마지막으로 기업이 사회적 책임을 보다 활발하게 수행하기 위해서는 기업의 지배구조로부터 접근할 필요가 있다. 기업의 사회적 책임론이 제기됨에 따라 주주중심의 전통적인 기업지배구조는 큰 도전을 받고 있으며 이해관계자중심으로 변화되는 움직임도 있다. 중국은 이사회와 감사회에 근로자대표를 두는 공동의사결정제도 등을 통해 근로자의 이익이 회사의 의사결정에 어느 정도 반영될 수 있지만, 총체적으로 중국 회사법상의 지배구조는 주주이익에 치우쳐 있다. 또한 채권자가 의사결정기관과 감독기관에 참여할 수 있는 제도가 부재하고, 근로자는 감독역할을 제대로 수행하지 못 하고 있으며, 회사의 정보공시가 충분히 이루어지지 않아 기타 이해관계자들이 회사 정보에 접근하기 어렵다는 문제점을 안고 있다.

이에 대해 이 책에서는 지배구조 메커니즘의 변화보다는 경영자 책임 강화와 사회적 책임정보 공시 의무화로부터 해결책을 찾고자 했다. 전자와 관련하여, 일정한 요건을 갖춘 회사의 이해관계자 단체가 이사 또는 경영자를 상대로 소를 제기할 수 있는 제도를 마련하는 것이다. 이해관계자 개개인의 역량은 한계가 있기 때문에 이해관계자단체의 공익소송을 통해 이해관계자 이익을 보호하려는 취지이다. 후자와 관련하여서는, 현재 기업의 사회적 책임에 대한 공시는 전적으로 회사 자율에 맡겨져 있다. 그러나 이 경우 ①정보접근이 어려울 뿐만 아니라 제공되는 정보가 불충분하며, ②기업이 유리하다고 생각되는 정보만 선별적으로 제공함으로써 혼란과 잘못된 판단을 유도할 우려가 있다는 점이 지적되고 있다. 따라서 사회적 감독기능을 강화하기 위한 측면에서 기업의 사회적 책임정보를 의무적으로 공시할 것을 요구하고 있다. 그러나 공시 의무화는 회사의 비용을 증가한다는 문제점이 있어 일부 기업에 있어서 큰 부담이 될 수 있으므로, 회사의 규모와 형태를 고려하여 회사를 분류하여 점진적으로 의무화하는 하는 것이 타당할 것이다.

중국은 위에서 살펴본 회사법 외에도 소비자권익보호법, 노동법, 환경보호법 등 여러 개별법에서도 부분적으로 기업의 사회적 책임을 다루고 있다. 이러한 법률의 공통점은 비록 기업의 사회적 책임을 상정하여 제정된 것은 아니지만 구체적인 이해관계자들의 권익을 보호하기 위한 취지로 입법된 것으로서 거시적 차원에서 기업의 사회적 책임과 관련된 법률이라고 볼 수 있다. 이 책에서는 소비자, 근로자, 환경 등 3개 부분으로 나누어 구체적인 이해관계자들에 대한 기업의 사회적 책임을 살펴보았다. 멜라민 분유사건, 팍스콘 연쇄자살 사건과 스모그 오염 등 사례로부터 현재 중국은 심각한 사회문제에 직면하고 있음을 설명하였다. 이러한 문제를 해결하기 위하여 중국 정부는 법 제·개정을 통해 구체적인 이해관계자들에 대한 기업의 책임을 강화하는 움직임을 보이고 있다. 예를 들어 현행 소비자권익보호법은 제품 하자에 대한 사업자의 증명책임, 소비자의 개인정보를 보호받을 권리, 소비자보호협회의 공익소송 권한 부여, 징벌적 손해배상 강화 등 내용이 개정 또는 신설되었으며, 개정 환경보호법 또한 기업의 환경 책임 명시, 오염 현황에 대한 정보 공개 확대, 환경공익소송 도입 등 내용이 추가되었다.

그러나 이처럼 기업의 사회적 책임을 강화하는 입법의 변화도 중요하지만 정부의 법 집행력의 강화와 기업의 준법인식의 제고가 더 시급하다. 기업이 심각한 사회문제를 초래한 원인은 여러 가지가 있을 수 있지만, 관련 법 규정이 제대로 기능을 하지 못 하고 있는 것이 주된 원인이라고 생각되기 때문이다. 법마저도 제대로 지키지 않은 기업에게 사회적 책임을 수행할 것을 기대하기는 어렵다. 그러나 한편으로 법령을 준수한 것만으로는 기업이 사회적 책임을 다했다고 볼 수 없다. 기업의 사회적 책임에는 법적 책임 외에 도덕적 책임도 내포되어 있으므로, 기업들은 이해관계자들의 이익 '보호'뿐만 아니라 그들의 이익 '증진'을 위해 사회적 책임을 다해야 할 것이다.

참고
문헌

◆ 한국어 문헌

[단행본]

김건식, 『기업지배구조와 법』, 소화, 2010.

김건식, 『회사법연구 Ⅰ』, 소화, 2010.

김건식, 『회사법연구 Ⅱ』, 소화, 2010.

송옥렬, 『상법강의』(제2판), 홍문사, 2012.

송옥렬, 『상법강의』(제4판), 홍문사, 2014.

이철송, 『회사법강의(개정상법)』, 박영사, 2012.

이철송, 『회사법강의(제21판)』, 박영사, 2013.

임재연, 『미국기업법』, 박영사, 2009.

[논문 및 보고서]

고동수, 「기업의 사회적 책임(CSR) : 국제논의 동향 및 우리의 대응방안」, 산업연구원, 2006.

고재중, 「기업의 사회적 책임 경영과 이사의 책임에 대한 고찰」, 『경원대학교 법학연구』 제3권 제2호, 2010.

구본경, 「기업의 사회적 책임에 대한 법적 연구」, 성균관대학교 석사학위논문, 2011.

구본장 · 강준의, 「기업의 사회적 책임을 위한 바람직한 방향」, 『사회과학논문집』 제16권 제2호, 1997.

김동근, 「회사의 본질과 기업의 사회적 책임」, 『기업법연구』 제27권 제4호, 2010.
김로륜, 「중국의 소비자 권익보호법 개정초안에 관한 논의」, 『(최신)외국법제정보』, 한국법제연구원, 2013.
김성진, 「기업의 사회적 책임이 기업과 이해관계자의 관계에 미치는 영향」, 고려대학교 석사학위논문, 2010.
김은정, 「이사의 신인의무와 경영판단의 원칙에 관한 연구 : 미국 판례와 법제를 중심으로」, 성균관대학교 박사학위논문, 2011.
김진봉, 「기업의 사회적 책임과 이사회의 구성」, 『법학논고』 제14집, 1982.
문무기, 「중국 노동법제 분석을 통한 북한 노동법제의 변화 전망」, 『정책연구』 2003(14), 한국노동연구원, 2003.
박성용, 「소비자운동의 이념과 범위」, 『표현의 자유 2차 포럼 : 소비자운동과 표현의 자유 발표문』, 2013.
박종욱, 「사례로 본 중국 노동환경의 변화와 시사점」, 한국수출입은행 해외경제연구소, 2010.
서의경, 「기업의 지속가능한 발전을 위한 지배구조 – 기업의 사회적 책임(CSR)을 중심으로」, 『연세 글로벌 비즈니스 법학연구』 제5권 제2호, 2013.
성승제, 「사회적 책임에 대응한 기업법제 개선방안 연구」, 『한국법제연구원』, 2013.
손주찬, 「기업의 사회적 책임」, 『법학논문집』 제5권, 1978.
송호신, 「기업의 사회적 책임(CSR)에 대한 배경과 회사법적 구현」, 『한양법학』 제29집, 2010.
안택식, 「기업의 사회적 책임론과 회사법의 변화」, 『재산법연구』 제28권 제3호, 2011.
윤성환, 「기업의 사회적 책임활동이 소비자들의 제품 평가 및 행위적 반응에 미치는 영향 : 중국진출 한국기업을 대상으로」, 『POSRI 경영경제연구』 제9권 제2호, 2009.
윤진수, 「기업지배구조와 기업의 사회적 책임(CSR)」, 『기업지배구조리뷰』 통권 제57호, 2011.
이관승・정선욱, 「중국에서의 기업의 사회적 책임[CSR] 관련 문헌에 대한 최근 연구 동향 및 전망」, 『국제노동브리프』 제9권 제7호, 2011.
이장원, 「노동부분의 기업의 사회적 책임 : 현황과 과제」, 『기업의 사회적 책임과 노동』, 2008.
이장원, 「기업의 사회적 책임에 대한 중국적 인식과 현황 – 한중협력의 새로운 발전방향 모색을 위한 시사점 – 」, 『한국환경정책평가연구원(KEI) 전문가 세미나 발표 원고』, 2013.
이찬우, 「중국내 기업의 사회적 책임 형성과 발전 – CSR 보고서와 평가시스템 분석을 중심으로 – 」, 『한중사회과학연구』 제11권 제4호, 2013.

이홍욱 · 손영기, 「중국 기업의 사회적 책임에 관한 사회책임위원회제도의 도입 검토」, 『중국법연구』 제14집, 2010.
정선욱, 「중국 팍스콘 고용관행 보고서 분석 : 노동법 준수, 인간적 대우, 기업의 사회적 책임 요구」, 『국제노동브리프』 2011년 2월호, 2011.
조임영, 「중국 노동법제의 전개와 주요 쟁점」, 『영남법학』 통권 제35호, 2012.
주진열, 「한중 FTA 대비 국경 간 소비자 보호에 관한 연구」, 『FTA 법제지원연구』, 2013.
최성근, 「기업의 사회적 책임과 회사법」, 『(최신)외국법제정보』 통권 제26호, 한국법제연구원, 2004.
최준선, 「기업의 사회적 책임론」, 『성균관법학』 제17권 제2호, 2005.
한국농촌경제연구원, 「'싼루 저질분유' 사건의 경과와 중국정부의 대응」, 『중국농업정책브리핑』 제08-10호, 2008.
한상돈, 「한중 소비자법제 기본법의 비교」, 『원광법학』 제24권 제4호, 2008.
황경진, 「중국 팍스콘 노동자 연쇄투신자살과 혼다자동차 파업의 경과 및 주요 쟁점」, 『국제노동브리프』 제8권 제7호, 2010.

◆ 중국어 문헌

[단행본]

王玲, 『經濟法語境下的企業社會責任研究』, 中國檢察出版社, 2008.
王丹, 『政府推進企業社會責任法律問題研究』, 法律出版社, 2010.
王保树, 『2009中國商法年刊 : 商法視野中的社會責任』, 知識産權出版社, 2010.
黃群慧 · 彭華崗 · 鐘宏武 · 張蒽等, 『企業社會責任藍皮書 : 中國企業社會責任研究報告(2013版)』, 社會科學文獻出版社, 2013.
李東方, 『公司法學』, 中國政法大學出版社, 2012.
李雪平, 『企業社會責任國際法律問題研究』, 中國人民大學出版社, 2011
黎友焕, 『企業社會責任概論』, 華南理工大學出版社, 2013.
劉俊海, 『公司的社會責任』, 法律出版社, 1999.
劉俊海, 『新公司法的制度创新 : 立法争点与解释难点』, 法律出版社, 2006.
劉連煜, 『公司治理與公司社會責任』(2001年版), 中國政法大學出版社, 2001.
樓建波, 『企業社會責任專論』, 北京大學出版社, 2009.
盧代富, 『企業社會責任的經濟學與法學分析』, 法律出版社, 2002.
盧代富, 『企業社會責任研究 - 基於經濟學與法學的視野』, 法律出版社 2014.

彭華崗,『企業社會責任基礎教材(第一版)』, 經濟管理出版社, 2013.
虞政平,『公司法案例教學(上)』, 人民法院出版社, 2012.
喬治・恩德勒, 高國希・吳新文 譯,『面向行動的經濟倫理學』, 上海社會科學院出版社, 2002.
吳景明,『消費者權益保護法』, 中國政法大學出版社, 2007.
趙旭东,『新公司法条文解读』, 人民法院出版社, 2005.
朱慈蘊,『公司法人格否認法理研究』, 法律出版社, 2000.
中國企業社會責任發展報告(2006-2013)编写组,『中國企業社會責任發展報告(2006-2013)』, 企業管理出版社, 2014.

[논문]
崔麗,「當代中國企業社會責任－以關係契約理論為視角－」, 吉林大學博士學位論文, 2013.
馮玉軍・林海,「我國消費者權利保護體系完善研究－基於消協組織投訴受理情況與典型案例的實證分析－」,『法學雜誌』 2014年第一期, 2014.
韓李靜・孟騁,「論企業對消費者的社會責任」,『旅遊經濟研究』, 2012.
胡田野,「論我國公司社會責任的制度完善－兼論對歐盟國家公司社會責任實踐的借鑒」,『政法論壇』, 2008.
胡曉靜,「論公司社會責任：內涵、外延和實現機制」,『法制與社會發展』, 2000.
蔣大興,「公司社會責任如何成為‘有牙的老虎’－董事會社會責任委員會之設計」,『清華法學』 2009年 第4期, 2009.
鞠伯蕾・金平,「論企業對消費者的責任」,『商品與質量』, 2012.
李建偉・吳永剛,「論公司社會責任的內涵界定與實現機制建構－以董事的信義義務為視角」,『2009中國商法年刊：商法視野中的社會責任』, 2010.
李建偉,「論公司社會責任的內涵界定與實現機制建構－以董事的信義義務為視角」,『清華法學』 第四卷第二期, 2010.
梁慧星,「中國的消費者政策和消費者立法」,『法學』 第5期, 2005.
劉俊海,「強化公司的社會責任－建立我國現代企業制度的一項重要內容」,『商 事法論集』 第2卷, 1997.
劉俊海,「強化公司社會責任的若干思考－兼談新《公司法》第5條的解釋－」,『企業社會責任專論』, 2009.
宋修衛,「我國公司治理結構的缺陷與完善－以公司社會責任為視角」,『江西廣播電視大學學報』 第3期, 2010.
王天玉,「宣言、原則抑或規範-《公司法》第5條解讀」,『社會科學研究』, 2012.
王燕莉,「論企業社會責任的實現路徑」,『2009中國商法年刊：商法視野中的社會責任』, 2009.

肖海軍,「論企業社會責任中的相對責任與絕對責任」,『法治論壇』, 2010.
王匯傑,「法學視角下企業社會責任的實現」, 蘭州大學碩士學位論文, 2010.

◆ 기타 문헌

Archie B. Carroll, "A Three-Dimensional Conceptual Model of Corporate Performance", *The Academy of Management Review*, 4(4), 1979.
Li-Wen Lin, "Corporate Social Responsibility in China: Window Dressing or Structural Change", *Berkeley Journal of International Law*, Vol. 28, 201C.

竹内昭夫,『会社法の理論Ⅰ総論・株式(商事法研究第一巻)』, 有斐閣, 1984.
畠田公明, 「会社の目的と社会的責任の法理論に関する総論的考察」, 『福岡大学法学論叢』 58(1), 2013.
河本一郎,「企業の社会的責任—法学的考察」,『ジュリスト』578号, 1975.
西原寛一,「今後の商法改正の諸問題について」,『第二九回全国株懇連合会定時会員総会報告書』, 1974.
田中誠二,「株式会社の社会的責任についての商法上立法論的考察」,『亜細亜法学』 九巻二号, 1975.

◆ 참고 사이트

北大法寶 : http://www.pkulaw.cn
中国国家统计局 : http://www.stats.gov.cn
中国人力資源和社會保障部 : http://www.mohrss.gov.cn
中国社会科学院 : http://www.cssn.cn/

아 시 아
태평양법
연구시리즈 **1**

중국법상 기업의 사회적 책임에 관한 연구

초판1쇄 발행 2017년 12월 22일

지은이 김문철
펴낸이 홍기원

총괄 홍종화
편집주간 박호원
편집 · 디자인 오경희 · 조정화 · 오성현 · 신나래
김윤희 · 이상재 · 김혜연 · 이상민
관리 박정대 · 최기엽

펴낸곳 민속원
출판등록 제18-1호
주소 서울 마포구 토정로 25길 41(대흥동 337-25)
전화 02) 804-3320, 805-3320, 806-3320(代)
팩스 02) 802-3346
이메일 minsok1@chollian.net, minsokwon@naver.com
홈페이지 www.minsokwon.com

ISBN 978-89-285-1114-3 94360
S E T 978-89-285-1113-6

이 도서의 국립중앙도서관 출판시도서목록(CIP)은
서지정보유통지원시스템 홈페이지(http://seoji.nl.go.kr)와
국가자료공동목록시스템(http://www.nl.go.kr/kolisnet)에서 이용하실 수 있습니다.
(CIP제어번호 : CIP2017033297)

책 값은 뒤표지에 있습니다.
잘못된 책은 바꾸어 드립니다.